EL LIBRO DEL CONOCIMIENTO PROHIBIDO

Johnson Smith & Co.

EL LIBRO DEL
CONOCIMIENTO
PROHIBIDO

Magia negra · Superstición
Amuletos y adivinación

| BIBLIOTECA DE LA TRADICIÓN OCULTA |

DELFOS

Ediciones de Sabiduría Ancestral

El libro del conocimiento prohibido
Johnson Smith & Co.

Traducción:
Óscar Menéndez Toledo

Diseño de cubiertas y maquetación:
EЯA | ALTA RESOLUCIÓN EDITORIAL

© 2025 Editorial Delfos (de la edición)
ENTREACACIAS, S.L.
[Sociedad editora]
c/Covadonga, 8
33002 Oviedo – Asturias (España)
info@editorialdelfos.com | pedidos@editorialdelfos.com
www.editorialdelfos.com
Primera edición: Junio, 2025
ISBN: 978-84-18373-96-1
Depósito Legal: AS 00485-2025
Impreso por Podiprint
Impreso en España | *Printed in Spain*
Todos los derechos reservados.

Introducción   13
Adivinación, o cómo obtener conocimiento de
acontecimientos futuros   17

   Cómo recibir oráculos a través de los sueños   20

Sueños, señales y visiones de futuro   25

   El anillo y la rama de olivo   27
   La cadena de la bruja   28
   El cordial amor de...   28
   Cartas de amor   29
   Rosa mágica   29

Días afortunados y desafortunados   31

   Lista de días de mala suerte   33
   Lista de días de mala suerte para mujeres   34
   Lista de días normalmente considerados afortunados   35
   Lista de horas afortunadas   36

Metragrammatismo   45

   Ejemplos clásicos   48
   Versión original en inglés   50
   Días de la semana   51

Secretos de la magia negra revelados   55

   Cuando una persona desea eliminar los callos   57
   Cuando una llaga no se abre   57
   Para heridas frescas   57
   Para detener un disparo   58
   Obligar a un ladrón a devolver los bienes robados   58
   Fabricar una brújula magnética que servirá para descubrir los
tesoros y las menas de la tierra   58
   Discernir en un espejo lo que un enemigo diseña a tres millas
o más   59
   Para dolores de muelas agudos   59
   Agua ocular que aclara la vista, de modo que no se necesitan
gafas   60
   Para recuperar bienes robados   60
   Para protegerse de los ladrones mientras se viaja   61

También para el dolor de muelas 61
Cómo hacerse agradable a todos 61
Sujetar a una persona para que no escape 61
Para tener suerte en el juego y caer bien a los demás 62
Para probar si una persona es casta 62
Cómo hacer que tu futura esposa te ame 62
Cuando deseas que tu amada no te niegue 62
Una ambrose-stone 63
Cuando un animal es estúpido 63
Para hacerse a prueba de disparos 64
Para pescar 64
Para desterrar a todos los ladrones, asesinos y enemigos 64
Para citar a una bruja 65
En caso de robo 65
Para que ninguna bruja pueda salir de la iglesia 65
Otra forma de provocar la devolución de bienes robados 65
Para obtener dinero 66
Para abrir las cerraduras 66
Para entender el canto de los pájaros 66
Para detener la hemorragia de una herida 66
Cómo conseguir una buena memoria 66
Para hacer que a alguien no le guste el juego 67
Mientras se viaja 67
Que ninguna persona te niegue nada 67
Raíces de oro para la dentición de los niños 67

Talismanes, amuletos, hechizos y conjuros 69

Talismanes 71
Talismán para el amor 71
Talismán contra los enemigos 72
Talismán de guerra y batalla 72
Talismán para destruir insectos y reptiles 73
Para vencer encantos e influencias malignas 74
Amuleto contra los problemas en general 74
Amuletos, presagios y señales 74
Nubes 75
Signos físicos y presagios 75

Supersticiones populares 77

Tocar madera 79

El ojo malvado   79
Otras creencias populares   79
Remedios caseros y mágicos   80
El gato negro   81
Supersticiones de color   82
Piedras de la suerte   82
Cómo hacer que tu amante o novia regrese   83
Folclore de los alfileres   84
Propiedades mágicas de los alfileres   84
Sueños que se hacen realidad   85
Asesinato revelado   85
Sueños afortunados   86
La visión de dionisio   87

Observaciones sobre los ojos   **89**

Signos tomados de partes de los ojos   93

El lenguaje silencioso   **95**

Por el movimiento de las manos   97
Cómo escribir cartas de amor en secreto   99
Otra manera: con tinta invisible   100
La manera de enriquecerse y vivir feliz en el estado
matrimonial   100

Presagios   **105**

El valor de los presagios   107
La segunda vista   108
Presagios nocturnos   109
Salpicaduras de sal   110
Una cadena de presagios   111
Ropa   112
Grillos   112
El reloj de la muerte   112
Las orejas   112
Cuchillo o tenedor   112
Aves   112
Urracas   112
Matrimonio   113
Martines   113

Mayo   113
Las uñas   113
Luna nueva   114
Año nuevo   114
Ruiseñor   114
Búhos   114
Cerdos   114
Conejos   114
Zapatos   114
Cantar   115
Chispas   115
Arañas   115
Estrellas   115
Huesos y pepitas   115
Zapatos viejos   115
Lavarse   116
Abejas y el tiempo   116

Cómo ser médium   **117**
Método secreto del mesmerismo   **125**

Cómo hipnotizar   127
Cómo interpretar los spirit mysteries de los hermanos
davenport   132
Psicología eléctrica   140
Cómo hacer que las personas a distancia piensen en ti   142

Introducción

Durante el siglo XIX, el mundo occidental fue escenario de una transformación profunda en la forma de concebir la mente humana, el alma y el más allá. En esa intersección entre espiritualidad, pseudociencia y espectáculo, surgió una vasta literatura que pretendía codificar, sistematizar y transmitir conocimientos con los que se pretendía dar respuesta las preocupaciones con las que la humanidad se había ido enfrentando como sociedad.

Este libro es un reflejo de los miedos y anhelos humanos. Un mapa fragmentario, plagado de desvíos inciertos, señales veladas y rutas que se bifurcan entre la fascinación y el temor. Lo que aquí se recoge no es una doctrina, ni un tratado sistemático de ocultismo, sino una constelación de creencias, técnicas, rituales y observaciones que atraviesan lo doméstico, lo popular y lo visionario. Es, en suma, una cartografía del intento humano —recurrente, imperfecto y muchas veces desesperado— de establecer contacto con lo invisible y dotar de sentido a lo inexplicable.

Las páginas que siguen compilan fragmentos de una época en la que la frontera entre ciencia, espectáculo y religión era aún porosa. El espiritismo, el mesmerismo, la frenología, la fisiognomía y la sugestión hipnótica se daban la mano en salones oscuros, gabinetes cerrados o sesiones dirigidas por médiums semianalfabetos que afirmaban recibir mensajes de ultratumba. En este marco, la espiritualidad no era un refugio abstracto, sino una tecnología de lo inmaterial: un arte de operar sobre el cuerpo, la voluntad o la memoria con la ayuda de fuerzas sutiles, entidades invisibles o impulsos eléctricos mal comprendidos.

No estamos ante una compilación de alta erudición, sino ante un testimonio directo de lo que generaciones enteras —fuera de los círculos académicos o religiosos— consideraban eficaz para explicar los sueños, sanar el cuerpo, convocar a los muertos, o simplemente protegerse del mal. Lo mismo caben aquí relatos de médiums encerrados en armarios mientras objetos flotan o se golpean, que instrucciones precisas para inducir parálisis temporales por vía del nervio cubital, o fórmulas para influir en el pensamiento de alguien a distancia. La frontera entre la superstición rústica, la magia práctica y el protohipnotismo es difusa, como lo es la que separa la credulidad del asombro.

Muchas de estas prácticas tienen raíces más antiguas de lo que suele admitirse. Algunas se vinculan con el legado de Mesmer y su magnetismo animal; otras evocan las visiones de los profetas bíblicos o los grimorios medievales. Hay aquí, además, un trasfondo de saber oral que se transmite más por repetición y experiencia que por teoría. Es este un conocimiento marginal, a menudo despreciado, pero no por ello menos coherente dentro de su lógica: una epistemología no académica, popular, experimental y profundamente encarnada.

Lejos de ridiculizar estas ideas, el lector moderno haría bien en comprenderlas en su contexto. No como creencias aisladas, sino como parte de un sistema mayor, en el que las emociones, los cuerpos y las fuerzas invisibles se relacionaban de forma práctica y constante. Muchas de estas prácticas —aunque hoy desestimadas o integradas en el espectáculo— responden a necesidades reales: la necesidad de consuelo, de protección, de poder, de comprender.

Este libro es, por tanto, un testimonio de la imaginación operativa. No solo muestra lo que otros creyeron, sino cómo esas creencias se activaban, cómo se ponían en práctica, cómo se sentían en el cuerpo. Y al hacerlo, ofrece una ventana a la inquietud perenne del ser humano ante lo que no puede ver ni dominar, pero que, sin embargo, insiste en afectar su vida.

ADIVINACIÓN,

O CÓMO OBTENER CONOCIMIENTO DE

ACONTECIMIENTOS FUTUROS

A toda persona que ayune en el solsticio de verano y se siente en el pórtico de la iglesia, verá a medianoche a los espíritus de las personas de esa parroquia que morirán ese año, venir y llamar a la puerta de la iglesia, en el orden y sucesión en que morirán. Uno de esos vigilantes, habiendo varios en compañía, cayó en un profundo sueño, de modo que no pudo ser despertado; mientras estaba en este estado, su fantasma fue visto por el resto de sus compañeros llamando a la puerta de la iglesia.

Cualquier mujer soltera que ayune en la víspera del solsticio de verano, y a medianoche ponga un paño limpio con pan, queso y cerveza, y se siente como si fuera a comer, con la puerta de la calle abierta, la persona con la que se vaya a casar más tarde entrará en la habitación, y beberá por ella haciendo una reverencia; y, después de llenar el vaso, lo dejará sobre la mesa, y tras hacer otra reverencia, se retirará.

En la noche de Santa Inés,[1] el 21 de enero, coge una fila de alfileres y sácalos todos, uno tras otro, diciendo un padrenuestro al clavar un alfiler en la manga, y soñarás con quien te casarás.

Otro método para ver en sueños a un futuro cónyuge: la parte que pregunta debe acostarse en un país distinto de aquel en que reside comúnmente y, al acostarse, debe tejer la liga izquierda alrededor de la media de la pierna derecha, dejando la otra liga y la media solas; y, mientras repite los versos siguientes, en cada coma teje un nudo:

---

[1] Tradicionalmente asociada a sueños proféticos sobre el futuro esposo en el folclore inglés y escocés. John Keats inmortalizó esta superstición en su poema *The Eve of St. Agnes* (1819).

Este nudo lo hago yo,
Para saber algo que aún no sé,
Que pueda ver
Al hombre que será mi marido,
Cómo va y qué lleva,
Y lo que hace todos los días y años.

En consecuencia, en sueños aparecerá con la insignia de su oficio o profesión.

Otra realizada encantando la luna, así: en la primera aparición de la luna nueva, inmediatamente después del nuevo día del año, sal al atardecer y colócate sobre las lanzas de una verja o valla y, mirando a la luna, repite las siguientes líneas:
Todos te saludan, luna; todos te saludan,
Te ruego, buena luna, que me reveles
Esta noche quién debe ser mi marido.

La festejada soñará entonces con su futuro marido.

Un trozo de tarta nupcial, arrojado tres veces a través del anillo de boda y colocado bajo la cabeza de una mujer soltera, le hará soñar con su futuro marido. Lo mismo se practica en el norte con un trozo del queso gemido.

CÓMO RECIBIR ORÁCULOS A TRAVÉS DE LOS SUEÑOS

Quien quiera recibir sueños verdaderos debe mantener un espíritu puro, no perturbado ni fantasioso, y componerlo de tal manera que pueda ser digno de conocimiento y gobierno por la mente; porque tal espíritu es el más apto para profetizar, y es un cristal muy claro de todas las cosas. Cuando, por lo tanto, estamos sanos de cuerpo, no perturbados de mente, nuestro intelecto no embotado por comidas pesadas y bebidas fuertes, no tristes por la pobreza, no provocados por la lujuria, no incitados por cualquier vicio, no agitados por la ira, no siendo irreligiosos ni profanamente inclinados, no dados a la frivolidad ni perdidos en la embriaguez, sino que castamente vamos a la cama y conciliamos el sueño, entonces nuestra alma pura y divina, libre de todos los males antes recitados y separada de todos los pensamientos perjudiciales, y ahora liberada por el sueño, está dotada de este espíritu divino como instrumento, y recibe esos rayos y representaciones que se lanzan hacia abajo, por así decirlo, y brillan desde la Mente divina en sí misma, en un cristal deificante.

Hay cuatro clases de sueños verdaderos, a saber: el primero, matutino, es decir, entre el sueño y la vigilia; el segundo, el que uno ve con respecto a otro; el tercero, cuya interpretación se muestra al mismo soñador en la visión nocturna; y, por último, el que se relaciona con el mismo soñador en dicha visión. Pero las cosas naturales y sus propias mezclas pertenecen también a los sabios, y nosotros utilizamos a menudo tales para recibir oráculos de un Espíritu por medio de un sueño, no siendo estos medios perfumes, unciones, alimentos, bebidas, anillos, sellos, etc.

Ahora bien, aquellos que deseen recibir oráculos a través de un sueño, que se hagan un anillo del Sol o de Saturno para este fin. También hay imágenes de sueños que, puestas bajo la cabeza cuando se va a dormir, dan efectivamente sueños verdaderos de cualquier cosa que la mente haya decidido o considerado antes, cuya práctica es la siguiente:

Harás una imagen del Sol, cuya figura debe ser un hombre dormido sobre el pecho de un ángel; que harás cuando Leo ascienda, estando el Sol en la novena casa en Aries. Entonces debes escribir sobre la figura el nombre del efecto deseado, y en la mano del ángel el nombre y carácter de la inteligencia del Sol, que es Miguel.

Que la misma imagen sea hecha en Virgo ascendente, Mercurio siendo afortunado en Aries en la novena, o Géminis ascendente, Mercurio siendo afortunado en la novena casa en Acuario; y que sea recibida por Saturno con un aspecto afortunado, y que el nombre del espíritu (que es Rafael) sea escrito en ella.

Que se haga lo mismo: Libra ascendente, Venus siendo recibida de Mercurio en Géminis en la novena casa, y escribir en él el nombre del ángel de Venus (que es Anael).

De nuevo puedes hacer la misma imagen: Acuario ascendiendo, Saturno poseyendo afortunadamente la novena en su exaltación, que es Libra, y que se escriba sobre ella el nombre del ángel de Saturno (que es Casial).

Lo mismo puede hacerse con Cáncer ascendente, la Luna siendo recibida por Júpiter y Venus en Piscis, y siendo afortunadamente colocada en la novena casa, y escribir sobre ella el espíritu de la Luna (que es Gabriel).

También se hacen anillos de sueños de maravillosa eficacia, y hay anillos del Sol y Saturno. La constelación para ellos es: cuando el Sol o Saturno ascienden en su exaltación en la novena, y cuando la Luna está unida a Saturno en la novena, y en ese signo que fue la novena casa de la natividad. Escribir y grabar en los anillos el nombre del espíritu del Sol o Saturno, y por estas reglas puedes saber cómo y por qué medios elevarte a un conocimiento superior de ti mismo.

Pero sabed esto: que tales imágenes no obran nada (ya que son simplemente imágenes) a menos que sean vivificadas por la virtud espiritual y celestial, y principalmente por el ardiente deseo y la firme intención del alma del operador. Pero ¿quién puede dar un alma a una imagen, o hacer que viva una piedra, o metal, o arcilla, o madera, o cera, o papel? Ciertamente ningún hombre, porque este arcano no entra en un artista de cuello rígido. Sólo lo posee quien trasciende el progreso de los ángeles y llega hasta el mismo Arquetipo.

Las tablas de números confieren igualmente la recepción de oráculos, estando debidamente formadas bajo sus propias constelaciones.

Por lo tanto, el que desee recibir oráculos verdaderos por medio de los sueños, que se abstenga de cenar, de beber, y que esté bien dispuesto de cualquier otra manera, para que su cerebro esté libre de vapores turbulentos; que tenga también su alcoba hermosa y limpia, exorcizada y consagrada; luego que perfume la misma con alguna fumigación conveniente, y que unte sus sienes con algún ungüento eficaz para ello, y ponga un anillo de sueños en su dedo; luego que tome una de las imágenes de las que hemos hablado y la coloque bajo su cabeza; luego que se dirija a dormir, meditando sobre aquello que desea saber. Así recibirá un oráculo muy cierto e indudable por un sueño cuando la Luna pase por el signo de la novena revolución de su natividad, y ella esté en el noveno signo desde el signo de la perfección.

Esta es la manera por la cual podemos obtener todas las ciencias y artes —cualesquiera que sean: astrología, filosofía oculta, física, etc.—, o bien de repente y perfectamente, con una verdadera iluminación de nuestro intelecto; aunque todos los espíritus familiares inferiores cualesquiera que sean conducen a este efecto, y a veces también los espíritus malignos nos informan sensiblemente, intrínseca y extrínsecamente.

SUEÑOS, SEÑALES
Y
VISIONES DE FUTURO

EL ANILLO Y LA RAMA DE OLIVO

Cómprate un anillo; no importa que sea de oro, con tal de que tenga la apariencia de una alianza. Lo mejor es que pruebes este amuleto en tu propio cumpleaños. Paga tu anillo con algún billete pequeño, pues el cambio que recibas debes dárselo al primer mendigo que encuentres por la calle; y, si nadie te pide limosna, dáselo a algún pobre —pues, ¡ay!, no necesitas ir muy lejos antes de encontrar a alguien a quien tu caridad le resulte aceptable.

Anota cuidadosamente lo que te digan a cambio, como «Dios te bendiga», o cualquier deseo de suerte y prosperidad, como es habitual. Cuando llegues a casa, escríbelo en una hoja de papel: en cada una de las cuatro esquinas, y, en el centro, pon las dos primeras letras de tu nombre, tu edad, y las letras de los planetas que reinan entonces como estrellas de la mañana y de la tarde.

Coge una rama de olivo y sujeta el anillo al tallo con un hilo que haya estado empapado todo el día en una mezcla de miel y vinagre, o cualquier composición de cualidades opuestas, muy dulce y muy agria. Cubre tu anillo y tu tallo con el papel escrito, cuidadosamente envuelto alrededor. Llévalo en tu pecho hasta la novena hora de la noche; luego ve al patio de la iglesia más próxima y entierra el amuleto en la tumba de un joven que haya muerto soltero; y, mientras lo haces, repite las letras de tu propio nombre de pila tres veces al revés.

Vuelve a casa y guarda el mayor silencio posible hasta que te acuestes, lo que debes hacer antes de las once. Pon una luz en la chimenea, o en un lugar seguro, y antes de la medianoche —o cerca de esa hora— tu futuro marido se presentará a los pies de la cama, pero desaparecerá enseguida. Si no vas a casarte, no vendrá ninguno, y en ese caso, si sueñas antes de la mañana con niños, muestra que los tendrás soltera; y si sueñas con multitudes de hombres, ten cuidado con la prostitución.

LA CADENA DE LA BRUJA

Que tres mujeres jóvenes se unan para hacer una larga cadena —como de una yarda será suficiente— de enebro de Navidad y bayas de muérdago; y al final de cada eslabón, pongan una bellota de roble.

Exactamente antes de la medianoche, reúnanse en una habitación a solas, donde nadie pueda molestarlas. Dejen una ventana abierta, saquen la llave por el ojo de la cerradura y cuélguenla sobre la chimenea; enciendan un buen fuego y coloquen en medio de él un tronco largo y delgado de leña, bien rociado con aceite, sal y moho fresco.

Luego envuelvan la cadena alrededor de él, cada doncella con una parte igual en el asunto. Después, siéntense y, sobre su rodilla izquierda, que cada una de las hermosas abra un libro de oraciones en el servicio matrimonial. Justo cuando se queme la última bellota, el futuro esposo cruzará la habitación; cada una verá a su propio cónyuge, pero será invisible para el resto de las vírgenes despiertas. Las que no se hayan casado verán un ataúd, o alguna forma deforme, cruzar la habitación.

Idos a la cama al instante, y todas tendréis sueños extraordinarios. Esto debe hacerse un miércoles o un viernes por la noche, pero no otro día.

EL CORDIAL AMOR DE...

(Se juzgará la tercera noche de luna nueva)
Toma brandy, ron, ginebra, vino y aceite de ámbar —de cada uno una cucharadita—, una cucharada de nata y tres de agua de manantial. Bébelo al meterte en la cama. Repítelo:

Esta mezcla de amor tomo por mi poción,
Para que yo de mi destino pueda tener una noción;
Cupido, hazte amigo mío, luna nueva, sé amable,
Y muéstrame ese destino que está diseñado.

Soñarás con la bebida y, según la calidad o el modo en que se presente, podrás saber la condición a la que ascenderás o descenderás con el matrimonio. El agua es pobreza; y si sueñas con un hombre borracho, es ominoso: tendrás una pareja borracha.

Si sueñas que bebes demasiado, caerás en el futuro tú misma en ese triste error, sin mayor cuidado; y ¿qué hay peor que una mujer ebria? No puede guardar su propio honor, arruina sus bienes y los de su familia, y a menudo se viste con harapos. Los problemas se usan a menudo como excusa para este vicioso hábito; pero dan más problemas de los que quitan.

CARTAS DE AMOR

Cuando recibas una carta de amor que contenga alguna declaración particular, ábrela de par en par; luego dóblala en nueve pliegues, préndela junto a tu corazón y llévala así hasta la hora de acostarte. Después, colócala en tu guante izquierdo y ponla bajo tu cabeza.

Si sueñas con oro, diamantes u otras piedras preciosas, tu amante es verdadero y quiere decir lo que dice; si sueñas con lino blanco, lo perderás por la muerte; y si sueñas con flores, será falso. Si sueñas que te saluda, por el momento es falso, y no quiere decir lo que dice, sino sólo atraerte a una trampa.

ROSA MÁGICA

Recoge tu rosa el 27 de junio; que esté en todo su esplendor, y de un rojo tan brillante como puedas conseguir. Arráncala entre las tres y las cuatro de la mañana, teniendo cuidado de no tener testigos de la transacción. Llévala a tu habitación y mantenla sobre una tahona o cualquier utensilio conveniente para el propósito, en el que haya carbón y azufre o sólo azufre.

Mantén tu rosa sobre el humo durante unos *Ave* minutos, y verás que tiene un efecto maravilloso en la flor. Antes de que la rosa se enfríe lo más mínimo, métela en una hoja de papel de escribir, en la que esté escrito tu nombre y el del joven al que más quieres; también la fecha del año y el nombre del lucero del alba que tiene la ascendencia en ese momento.

Dóblalo y ciérralo cuidadosamente con tres sellos separados. Luego corre y entierra el paquete al pie del árbol del que recogiste la flor. Déjalo permanecer intacto hasta el 6 de julio. Levántalo a medianoche, vete a la cama y colócalo debajo de tu almohada, y tendrás un sueño singular y de lo más agitado antes de la mañana, o al menos antes de tu hora habitual de levantarte. Puedes guardar la rosa bajo tu cabeza tres noches sin que se estropee el encanto; cuando termines con la rosa y el papel, asegúrate de quemarlos.

DÍAS AFORTUNADOS
Y DESAFORTUNADOS

LISTA DE DÍAS DE MALA SUERTE

Lo que, para los varones nacidos en ellos, generalmente resultará desafortunado:

- 3 y 4 de enero.
- 6, 7, 12, 13, 19 y 20 de febrero.
- 5, 6, 12 y 13 de marzo.
- 12, 13, 20, 21, 26 y 27 de mayo.
- 1, 2, 9, 10, 16, 17, 22, 23 y 24 de junio.
- 3, 4, 10, 11, 16, 17 y 18 de julio.
- 3, 4, 9, 10, 11, 16, 17 y 31 de octubre.
- 1 y 3 de noviembre.

Casi todas las personas (siendo del sexo masculino) que nacen en los días incluidos en la tabla anterior, sufrirán —en mayor o menor grado— no sólo vergüenza pecuniaria y pérdidas de bienes, sino que también experimentarán gran angustia y ansiedad mental, insatisfacción constante, disensiones e infelicidad en sus asuntos familiares.

Habrá mucho desamor entre los casados (de hecho, pocos de ellos llegarán a ser felices en el matrimonio), problemas con los hijos, hijas que formarán vínculos desafortunados y una variedad de acontecimientos adversos que nuestros límites no nos permiten detallar.

La influencia de estos días es de una cualidad y tendencia calculadas para excitar en las mentes de quienes nacen en ellos una extraordinaria inclinación por la especulación, el deseo de hacer cambios en sus asuntos o comenzar nuevas empresas. Pero todas estas iniciativas tenderán hacia un mismo punto: la pérdida de propiedades y dificultades económicas.

Quienes inviertan su capital a crédito en nuevas empresas probablemente encontrarán frenos o interrupciones en el progreso de sus planes. Aquellos que se comprometan de forma permanente —ya sea mediante compras, arrendamientos, asociaciones o cualquier otra especulación difícil de transferir o deshacer— se arrepentirán profundamente.

Verán sus asuntos interrumpidos y agitados, y experimentarán muchas decepciones financieras, problemas con facturas y cobros, y necesitarán toda su energía y prudencia para sostener su crédito en declive. Casi todos los compromisos que emprendan recibirán algún tipo de bloqueo u obstrucción.

La mayoría de los nacidos en estos días sufrirá debilidad o torceduras en rodillas y tobillos, así como enfermedades y dolores en las piernas.

LISTA DE DÍAS DE MALA SUERTE PARA MUJERES

Lo que, para las personas (siendo mujeres) nacidas en ellos, generalmente resultará desafortunado:

- 5, 6, 13, 14, 20 y 21 de enero.
- 2, 3, 9, 10, 16, 17, 22 y 23 de febrero.
- 1, 2, 8, 9, 16, 17, 28 y 29 de marzo.
- 24 y 26 de abril.
- 1, 2, 9, 17, 22, 29 y 30 de mayo.
- 5, 6, 12, 13, 18 y 19 de junio.
- 3 y 4 de julio.
- 9 y 16 de septiembre.
- 20 y 27 de octubre.
- 9, 10, 21, 29 y 30 de noviembre.
- 6, 14 y 21 de diciembre.

Aconsejamos particularmente a todas las mujeres nacidas en estos días que sean extremadamente cautelosas al colocar sus afectos de manera apresurada, ya que estarán sujetas a decepciones y contratiempos sentimentales. Será más prudente que se guíen por el consejo de personas cercanas, más que por sus propios sentimientos.

Serán menos afortunadas en cuestiones del corazón que en cualquier otro aspecto de su vida. Muchos de sus matrimonios acabarán en separaciones, divorcios o peores desdichas. Sus noviazgos terminarán en fugas desafortunadas o en otras situaciones que no es necesario explicar.

Nuestros lectores deben comprender que los asuntos importantes iniciados en épocas desfavorables —especialmente por quienes nacen bajo la influencia de estrellas adversas— rara vez conducen a buen puerto. Por ello, nos esforzamos en presentar esta lista basada en información astrológica precisa, para que mediante atención y cuidado puedan evitar caer en laberintos desconcertantes de los que sólo la prudencia puede salvarlos.

La lista anterior será causa frecuente de matrimonios apresurados o clandestinos, uniones bajo circunstancias adversas, y como consecuencia natural: disgusto de familiares, disputas, riñas y divisiones domésticas.

LISTA DE DÍAS NORMALMENTE CONSIDERADOS AFORTUNADOS

Con respecto al noviazgo, el matrimonio y los asuntos amorosos en general. Las personas nacidas en los siguientes días pueden esperar noviazgos y perspectivas matrimoniales con un final feliz:

- 1, 2, 15, 26, 27 y 28 de enero.
- 11, 21, 25 y 26 de febrero.
- 10 y 24 de marzo.
- 6, 15, 16, 20 y 28 de abril.
- 3, 13, 18 y 31 de mayo.
- 10, 11, 15, 22 y 25 de junio.
- 9, 14, 15 y 18 de julio.
- 6, 7, 10, 11, 19, 20 y 25 de agosto.
- 4, 8, 9, 17, 18 y 23 de septiembre.
- 3, 7, 16, 21 y 22 de octubre.
- 5, 14 y 20 de noviembre.
- 14, 15, 19, 20, 22, 23 y 25 de diciembre.

Aunque el mayor número, o de hecho, casi todas las personas que nacen en los días indicados en la lista anterior, es probable que se encuentren con una perspectiva de matrimonio, o se comprometan en alguna aventura amorosa de importancia más que ordinaria, sin embargo, no se debe esperar que el resultado sea el mismo con todos ellos; con algunos terminarán en matrimonio - con otros en decepción - y algunos de ellos estarán en peligro de formar vínculos que pueden resultar de una descripción un tanto problemática. Por lo tanto, para que nuestros lectores puedan distinguirlos, daremos una lista completa y útil, mostrando cuáles de ellos tendrán más probabilidades de casarse.

Los nacidos dentro de los límites de la siguiente Lista de Horas, en cualquiera de los días anteriores, serán los más propensos a casarse - o, al menos, tendrán noviazgos con probabilidades de tener un final feliz.

• LISTA DE HORAS AFORTUNADAS

- 2 de enero. De 30 minutos después de las 10 hasta 15 minutos después de las 11 de la mañana; y de 15 minutos antes de las 9 hasta 15 minutos antes de las 11 de la noche.
- 15. De las 9 y media a las 10 y cuarto de la mañana; y de las 7 y media a las 11 y cuarto de la noche.
- 26. Desde las 8 y 30 minutos hasta las 9 y 15 minutos por la mañana; y desde las T hasta las 10 y 15 minutos por la noche.
- 11 y 12 de febrero. De las 7 y media a las 8 y cuarto de la mañana; y de las 6 y cuarto a las 9 y cuarto de la noche.
- 21. Desde las 7 hasta 15 minutos antes de las 8 de la mañana;' y desde 15 minutos después de las 5 hasta 15 minutos antes de las 8 de la noche.
- Días 25 y 26. Desde 15 minutos antes de las 7 hasta 30 minutos después de las 7 de la mañana; y desde 15 minutos antes de las 5 hasta 30 minutos después de las 7 de la tarde.
- 10 de marzo. Desde las 5 hasta 15 minutos antes de las 6 de la mañana; y desde las 4 de la tarde hasta 15 minutos antes de las 7 de la tarde.
- 6 de abril. De las 4 y 15 minutos a las 5 de la mañana; y de las 2 y 30 minutos a las 1 y 15 minutos de la tarde.

- El 20. De las 3 y 30 minutos a las 4 y 15 minutos de la mañana; y de la 1 y 30 minutos a las 4 y 15 minutos de la tarde.
- 3 de mayo. Desde 15 minutos antes de las 3 hasta 30 minutos después de las 3 de la mañana; y desde 15 minutos antes de la 1 hasta 30 minutos después de las 3 de la tarde.
- Día 18. Desde las 2 hasta 15 minutos antes de las 3 de la mañana; y desde las 12 del mediodía hasta 15 minutos antes de las 3 de la tarde.
- 28. Desde 15 minutos antes de la 1 hasta 30 minutos después de las 2 de la mañana; y desde 15 minutos antes de las 12 del mediodía hasta 30 minutos después de las 2 de la tarde.
- 31. Desde 15 minutos antes de la 1 hasta 30 minutos después de la 1 de la mañana; y. desde 15 minutos después de las 10 de la mañana hasta 15 minutos antes de la 1 de la tarde.
- 10 y 11 de junio. De 15 minutos desde las 12 de la noche hasta la 1 de la madrugada.
- 15. Desde las 10 de la mañana hasta las 2 de la tarde; y desde 15 minutos antes de las 12 de la noche hasta 15 minutos antes de la 1 de la mañana.
- 25. Desde las 9 y cuarto de la mañana hasta las 12 del mediodía; y de 11 a 12 de la noche.
- 29. Desde las 9 de la mañana hasta 15 minutos antes de las 12 del mediodía; y desde 15 minutos antes de las 11 hasta 15 minutos antes de las 12 de la noche.
- 9 de julio. Desde las 8 y cuarto hasta las 11 de la mañana; y desde las 10 hasta las 11 de la noche.
- Días 14 y 15. De 8 a 11 de la mañana; y de 10 a 11 de la noche.
- El 28. De 7 a 10 de la mañana; y de 9 a 10 de la noche.
- 6 y 7 de agosto. De las 6 y media a las 9 y cuarto de la mañana; y de las 8 y cuarto a las 9 y cuarto de la noche.

- Días 10 y 11. De las 6 y 15 minutos a las 9 de la mañana; y de las 8 a las 9 de la noche.
- Días 19 y 20. De las 5 y 30 minutos a las 8 y 30 minutos de la mañana; y de las 7 y 30 minutos a las 8 y 30 minutos de la tarde.
- 25. Desde las 5 y cuarto hasta las 8 de la mañana; y desde las 7 hasta las 8 de la tarde.
- 4 de septiembre. Desde 15 minutos antes de las 5 hasta 30 minutos después de las 7 de la mañana; y desde 30 minutos después de las 6 hasta 30 minutos después de las 7 de la tarde.
- Días 8 y 9. De 30 minutos después de las 4 a 15 minutos después de las 7 de la mañana; y de 15 minutos después de las 6 a 15 minutos después de las 7 de la tarde.
- Días 17 y 18. De 5 a 15 minutos antes de las 5 de la mañana; y de 15 minutos antes de las 6 a 15 minutos antes de las 7 de la tarde.
- 23d. Desde las 3 y 30 minutos hasta las 5 y 30 minutos de la mañana; y desde las 5 y 30 minutos hasta las 6 y 30 minutos de la tarde.
- 3 de octubre. Desde las 3 hasta 15 minutos antes de las 6 de la mañana; y desde 15 minutos después de las 4 hasta 15 minutos después de las 5 de la tarde.
- 7º. Desde 15 minutos antes de las 3 hasta 30 minutos después de las 5 de la mañana; y desde 30 minutos después de las 4 hasta 30 minutos después de las 5 de la tarde.
- Día 16. De 2 a 5 de la mañana; y de 4 a 5 de la tarde.
- Días 21 y 22. Desde 15 minutos antes de las 2 hasta 30 minutos después de las 4 de la mañana 1 ; y desde 30 minutos después de las 3 hasta 15 minutos después de las 4 de la tarde.
- 5 de noviembre. De 1 a 15 minutos antes de las 4 de la mañana; y de 15 minutos antes de las 3 a 15 minutos antes de las 4 de la tarde.

- 14. De las 12 y cuarto a las 3 de la mañana'; y de las 2 a las 3 de la tarde.
- 20. Desde 15 minutos antes de las 12 hasta 15 minutos después de las 2 de la mañana; y desde 15 minutos después de la 1 hasta las 2 de la tarde.
- 14 y 15 de diciembre. De 10 a 30 minutos después de las 12 de la mañana; y de 12 del mediodía a 15 minutos antes de la 1 de la tarde.
- Días 18 y 19. Desde 15 minutos antes de las 10 de la noche hasta 15 minutos después de las 5 de la mañana; y desde 30 minutos después de las 11 hasta 15 minutos después de las 12 de la noche.
- 3 de enero. Desde las 10 y media hasta las 11 y cuarto de la mañana; y desde las 9 y cuarto hasta las 11 y cuarto de la noche.
- Días 12 y 13. De las 9 y cuarto a las 10 de la mañana; y de las 8 y cuarto a las 10 y media de la noche.
- 18. De 9 a 15 minutos antes de las 10 de la mañana; y de 15 minutos después de las 7 hasta las 10 de la noche.
- 27. De 9 a 15 minutos antes de las 10 de la mañana; y de 7 a 15 minutos antes de las 10 de la noche.
- 1 de febrero. De 8 a 8 y media de la mañana; y de 6 a 8 y media de la tarde.
- Días 11 y 12. Desde 15 minutos antes de las 8 hasta 30 minutos después de las 8 de la mañana; y desde 15 minutos antes de las 6 hasta 30 minutos después de las 8 de la tarde.
- 17. De 7 a 15 minutos antes de las 8 de la mañana; y de 15 minutos después de las 5 hasta las 8 de la tarde.
- 1 de marzo. De las 6 y 30 minutos a las 7 y 15 minutos de la mañana; y de las 4 y 30 minutos a las 7 y 15 minutos de la tarde.
- Días 16 y 17. De 30 minutos después de las 5 a 15 minutos después de las 6 de la mañana; y de 15 minutos antes de las 4 a 30 minutos después de las 6 de la tarde.

- Días 19, 20, 21, 22, 23, 24 y 25. De las 5 y 30 minutos a las 6 y 30 minutos por la mañana; y de las 3 y 30 minutos a las 6 y 15 minutos por la tarde.
- Días 26, 27, 28, 29 y 30. De 15 minutos después de las 5 hasta 15 minutos antes de las 6 de la mañana; y de 15 minutos después de las 3 hasta las 6 de la tarde.
- 3, 4, 5, 6, 7, 8 y 9 de abril. De las 4 y 30 minutos a las 5 y 30 minutos de la mañana; y de las 2 y 30 minutos a las 5 de la tarde.
- Días 10, 11, 12, 13 y 14. De 15" minutos antes de las 4 a 15 minutos antes de las 5 de la mañana; y de 2 a 30 minutos después de las 4 de la tarde.
- Días 19, 20, 21, 22 y 23. Desde 30 minutos después de las 4 de la mañana; y desde 15 minutos antes de las 2 hasta 30 minutos después de las 4 de la tarde.
- Días 25, 26, 27 y 28. De 3 a 4 de la mañana; y de 15 minutos después de la 1 hasta 15 minutos antes de las 4 de la tarde.
- 3, 4, 5, 6, 7 y 8 de mayo.
- De las dos y cuarto a las tres y cuarto de la mañana; y de las doce y media del mediodía a las tres y cuarto de la tarde.
- Días 9, 10, 11, 12 y 13. De 2 a 3 de la mañana; y de 15 minutos después de las 12 del mediodía hasta las 3 de la tarde.
- Días 16, 17, 18, 19, 20, 21 y 22. Desde 15 minutos antes de las 2 hasta 15 minutos antes de las 3 de la mañana; y desde las 12 del mediodía hasta 15 minutos antes de las 3 de la tarde.
- 23, 24, 25, 26 y 27. De la 1 y cuarto a las 2 y cuarto de la mañana; y de las 11 y media de la mañana a las 2 y cuarto de la tarde.
- 1, 2, 3, 4, 5 y 6 de junio. 3°, 4°, 5° y 6°.
- Desde las 10 y cuarto de la mañana hasta la 1 de la tarde; y desde las 12 y cuarto de la noche hasta la 1 y cuarto de la mañana siguiente.

- 11. Desde las 10 y cuarto de la mañana hasta 15 minutos antes de la 1 de la tarde; y desde las 12 de la noche hasta la 1 de la mañana siguiente.
- 20. Desde las 9 y 30 minutos de la mañana hasta las 12 del mediodía; y desde las 11 hasta las 12 de la noche.
- 25. Desde las nueve y cuarto de la mañana hasta las doce y cuarto del mediodía; y" "desde las once hasta las doce de la noche.
- 5 de julio. Desde 15 minutos antes de las 8 hasta 15 minutos pasadas las 10 de la mañana; y desde 15 minutos antes de las 10 hasta 15 minutos antes de las 11 de la noche.
- 9. Desde las 8 y cuarto hasta las 11 de la mañana; y desde las 10 y cuarto hasta las 11 de la noche.
- 19. Desde las 7 y 30 minutos hasta las 10 de la mañana; y desde las 9 y 15 minutos hasta las 10 y 15 minutos de la noche.
- El 24. De 7 a 15 minutos antes de las 10 de la mañana; y de 9 a 10 de la noche.
- 2 y 3 de agosto. De 30 minutos después de las 6 hasta 15 minutos antes de las 9 de la mañana; y de 30 minutos después de las 8 hasta 30 minutos después de las 9 de la noche.
- 6. Desde 15 minutos antes de las 6 hasta las 9 de la mañana; y desde 30 minutos después de las 7 hasta 30 minutos después de las 8 de la noche.
- 22d. Desde las 5 y cuarto hasta las 8 de la mañana; y desde las 7 y cuarto hasta las 8 y cuarto de la noche.
- 1 de septiembre. De 4 a 15 minutos antes de las 7 de la mañana; y de 6 a 7 de la tarde.
- 5. De 30 minutos después de las 4 hasta 15 minutos antes de las 7 de la mañana; y de 30 minutos después de las 6 hasta 30 minutos después de las 7 de la tarde.
- Día 14. Desde 15 minutos antes de las 4 hasta 30 minutos después de las 6 de la mañana; y desde 30

minutos después de las 5 hasta 30 minutos después de las 6 de la tarde.

- 29. Desde 15 minutos antes de las 3 hasta 30 minutos después de las 5 de la mañana; y desde 30 minutos después de las 4 hasta 30 minutos después de las 5 de la tarde.
- 3 de octubre. Desde las 3 hasta 15 minutos antes de las 6 de la mañana; y desde 15 minutos antes de las 5 hasta 15 minutos antes de las 6 de la tarde.
- 12. De 15 minutos después de las 3 hasta las 5 de la mañana; y de 15 minutos antes de las 4 hasta 30 minutos después de las 4 de la tarde.
- Días 18 y 19. De 30 minutos después de la 1 hasta las 4 de la mañana; y de 15 minutos antes de las 3 hasta 30 minutos después de las 4 de la tarde.
- 10 y 11 de noviembre. Desde las 12 y 30 minutos de la noche hasta las 3 y 15 minutos de la madrugada; y desde la 1 y 30 minutos hasta las 2 y 30 minutos de la tarde.
- Días 15 y 16. Desde las 12 de la noche hasta 15 minutos antes de las 3 de la mañana; y desde 15 minutos después de la 1 hasta las 2 de la tarde.
- 29 y 30. Desde las once y cuarto de la noche hasta las dos de la madrugada; y desde la una hasta quince minutos antes de las dos de la tarde.
- 8 y 9 de diciembre. Desde las 10 y 15 minutos de la noche hasta la 1 de la madrugada; y desde las 12 y 30 minutos del mediodía hasta la 1 y 30 minutos de la tarde.
- Días 14, 15 y 16. Desde las 10 de la noche hasta 15 minutos antes de la 1 de la madrugada; y desde 15 minutos antes de las 12 hasta 30 minutos después de las 12 del mediodía.
- 23 y 24. De las 11 y cuarto a las 12 del mediodía; y de las 9 y cuarto a las 12 de la noche.

- 28. Desde las 10 y cuarto hasta las 11 de la mañana; y desde las 9 hasta 15 minutos antes de las 12 de la noche.

No pretendemos afirmar que todas las personas nacidas en los tiempos recientemente mencionados estarán exentas de todo tipo de problemas a lo largo de su vida; pero sí que, nunca —a pesar de lo que les suceda— caerán por debajo de la mediocridad.

Incluso los sirvientes, o quienes nazcan de padres humildes, poseerán ciertas cualidades superiores: entrarán en buena compañía, serán muy apreciados por sus superiores y, a pesar de las dificultades, lograrán establecerse en el mundo y elevarse muy por encima de su esfera de origen.

Se ha dicho con frecuencia —y aunque es una observación singular, la experiencia ha demostrado su veracidad— que a una mujer le sobreviene algún acontecimiento importante en su trigésimo primer año de vida, sea soltera o casada. Puede tratarse de un bien, o de un gran mal o tentación. Por ello, le aconsejamos prudencia y circunspección en todas sus acciones.

Si es soltera o viuda, es probable que contraiga matrimonio ese año. Si es casada, podría perder a su marido o a uno de sus hijos. Podría también recibir una herencia o verse obligada a viajar al extranjero. En cualquier caso, alguna circunstancia notable tendrá lugar durante ese año decisivo, que influirá profundamente en su destino futuro.

Lo mismo se aplica a los hombres en su cuadragésimo segundo año. Se han documentado tantos casos que ya no puede dudarse de la veracidad de esta regla.

Conviene además observar lo siguiente: tomen siempre los contratos de arrendamiento por un número impar de años; los pares no son prósperos. Los tres primeros días de la luna son los más favorables para firmar papeles importantes, y los cinco primeros días del mes lunar, así como el día veinticuatro, son propicios para iniciar cualquier nueva empresa.

No obstante, debemos admitir que mucho depende de nuestra propia industria, virtud y perseverancia, y que, cumpliendo fielmente con nuestro deber para con Dios y los hombres, a menudo podemos sobreponernos a la influencia maligna de un planeta adverso, o a la mala fortuna de un día marcado como desfavorable en el libro del destino.

METRAGRAMMATISMO

O EL ARTE DE LA ADIVINACIÓN MEDIANTE LA
TRANSPOSICIÓN DE NOMBRES

A menudo se ha observado —aunque no es un hecho comúnmente conocido— que los nombres que se dan a los niños en la pila bautismal, unidos a sus apellidos y, en ocasiones, a los títulos que se les puedan otorgar en la vida futura, señalan muchas de las circunstancias y acontecimientos que les acaecerán. Y si los padres prestaran más atención a esta rama de la adivinación astrológica, los nombres desafortunados podrían haberse evitado, y, con el debido cuidado, habrían escogido otros de naturaleza más propicia, aún más afortunados si se combinan con nombres de vibración semejante.

Para que nuestros lectores comprendan mejor esta rama de la adivinación —tan extrañamente descuidada por los practicantes modernos— pondremos ante ellos algunos ejemplos de este admirable arte de revelar los eventos de nuestra existencia incierta. De su estudio, aprenderán fácilmente cómo evitar otorgar nombres de naturaleza maligna a sus hijos y, al mismo tiempo, verán cómo la influencia secreta de las estrellas que presiden nuestro nacimiento actúa incluso en el momento de dar nombre al recién nacido, señalando con precisión los acontecimientos que marcarán su vida.

No es necesario explayarse sobre la antigüedad de esta ciencia, aunque conviene recordar que en tiempos pasados gozó de la más alta reputación entre los astrólogos. Incluso algunos autores antiguos no desdeñaron su defensa. Uno de ellos, el célebre Camden, dejó al mundo en sus *Restos* un excelente tratado sobre esta materia. Relaciona su origen con la época de Moisés y sugiere que pudo formar parte de la tradición mística transmitida por aquel legislador divino a los setenta ancianos —y que más tarde sería conocida como la Cábala.

No cabe duda de que este arte fue practicado por los antiguos egipcios, ya que todavía hoy se conservan nombres de monarcas que, al ser transpuestos, señalan claramente los principales sucesos de sus vidas. Los griegos también cultivaron este arte, aunque sorprendentemente no se encuentran ejemplos entre los romanos, a pesar de que sus videntes, astrólogos y sibilas practicaban casi todas las formas de adivinación conocidas.

Entre las naciones modernas, los franceses sobresalieron en esta disciplina, y Camden asegura que «la admiran y celebran sobremanera por su profunda antigüedad y significado místico». Tanto fue así que, en épocas antiguas, guardaban listas de nombres afortunados y desafortunados, y tenían sumo cuidado en dar al niño un nombre que, al ser transpuesto, ofreciera algún significado propicio.

Sin embargo, esta práctica no siempre era infalible: algunos nombres que parecían venturosos tras una primera transposición, revelaban lo contrario en una segunda. Así, en palabras del propio Camden: *Foil those, who would have foiled the stars.*

Ejemplos clásicos

Una vez introducido el tema y demostrada su antigüedad, nos corresponde ahora mostrar algunos ejemplos que permitan a los lectores practicar con sus propios nombres. Así podrán conocer con anticipación ese acontecimiento principal que marcará su vida —sea para bien o para mal— y, si se tratase de esto último, mitigar sus efectos mediante la prudencia y la conducta recta.[2]

• Napoleón Bonaparte
NAPOLEON BONAPARTE
→ NO, NO APARECE EN ELBA
Una transposición que revela, con trágica ironía, el desenlace de su exilio y la caída definitiva del emperador.
• Arthur Wellesley (Duque de Wellington)
ARTHUR WELLESLEY
→ LET WELL FOILED GAUL

---

[2] El arte aquí llamado *metragrammatismo* se refiere a una forma de adivinación basada en la transposición de letras de los nombres propios, similar a lo que en inglés se denomina *onomantic anagramming* o *onomancia*. Los ejemplos presentados solo adquieren pleno sentido en su idioma original (inglés) incluidos a continuación, ya que dependen de la formación de frases significativas mediante anagramas.

Deja que el vencido Galo asegure tu renombre.
Una clara alusión a su victoria sobre Napoleón y su fama duradera.

• Horatio Nelson
HORATIO NELSON
→ HONOR EST A NILO
En latín: *El honor viene del Nilo,*
en clara referencia a su famosa victoria naval en Abukir.

• Sir Francis Burdett
SIR FRANCIS BURDETT
→ PERTURBACIÓN FRENÉTICA
Un vaticinio acertado de su implicación en disturbios y agitación popular.

• Princesa Charlotte Augusta de Gales
PRINCESA CHARLOTTE AUGUSTA DE GALES
→ SU AUGUSTA RAZA ESTÁ PERDIDA, ¡OH NOTICIAS FATALES!
Una advertencia sombría que anticipa su muerte prematura y el fin de la línea sucesoria directa.

• Charles James Stuart (Jacobo VI de Escocia)
CHARLES JAMES STUART
→ RECLAMA EL PUESTO DE ARTHUR
Y efectivamente, a la muerte de la reina Isabel I, se convirtió en Jacobo I de Inglaterra, cumpliendo la profecía implícita en su propio nombre.

Reglas del arte

Estos ejemplos bastan para ilustrar este método tan entretenido como revelador. Cabe advertir que algunos nombres no se transponen fácilmente sin la adición o eliminación de ciertas letras, lo cual es perfectamente aceptable. Por ejemplo:

• K puede sustituirse por C,
• I por J,
• V por U,
• y viceversa.

Conclusión

Estos ejemplos son suficientes para mostrar la infalibilidad del arte del *metagrammatismo*. Muchos lectores descubrirán, al transponer las letras de sus propios nombres, que su buena o mala fortuna futura ya estaba escrita desde el bautismo —y, con conocimiento, quizá sea posible evitar los males y fortalecer los bienes que el destino reserva.

Versión original en inglés

NAPOLEON BONAPARTE
NO, APPEAR NOT ON ELBA.
In the name of Wellington we find
his future glory parts:
ARTHUR WELLESLEY,
Duke of Wellington.
LET WELL FOILED GAUL secure thy renown.
And the like in that of Nelson, — thus:
HORATIO NELSON.
HONOR EST A NILO.
Which in English means *Honor is to be found at the Nile!*
In the name of SIR FRANCIS BURDETT we find:
FRANTIC DISTURBERS,
which fully prophesies the busy scenes of popular riot
and disturbance
in which he would be engaged.
In the name of the late lamented Princess Charlotte,
we have another proof of the infallibility of this art —
thus:
PRINCESS CHARLOTTE AUGUSTA OF WALES, P.
HER AUGUST RACE IS LOST, O! FATAL NEWS!
The following anagram on James VI of Scotland
fully proves that his future fortune was predicted at his
baptism — thus:
CHARLES JAMES STUART
CLAIMS ARTHUR'S SEAT,

and accordingly, on the death of Queen Elizabeth,
he became James I of England,
and thereby possessed the throne
which the name given him at his birth plainly foretold!

DÍAS DE LA SEMANA

I. Su importancia en la hora natal
- Un niño nacido en domingo será de larga vida y obtendrá riquezas.
- Un niño nacido el lunes será débil y afeminado.
- El martes es aún más desafortunado: aunque el niño nacido en este día pueda, mediante una vigilancia extraordinaria, vencer los deseos desmesurados a los que estará sujeto, en sus imprudentes intentos por satisfacerlos correrá el peligro de una muerte violenta.
- El niño nacido el miércoles se dedicará a una vida estudiosa y obtendrá grandes beneficios de ello.
- Un niño nacido en jueves alcanzará gran honor y dignidad.
- Aquel que tenga por natalicio el viernes será de constitución fuerte y, quizás, adicto a los placeres del amor.
- El sábado es otro día de mal agüero: la mayoría de los niños nacidos este día tendrán disposiciones pesadas, apagadas y obstinadas.

II. Su influencia en otros ámbitos
- Si a una persona le toman medidas para confeccionar ropa nueva en domingo, estará triste y llorará.
- Si lo hacen en lunes, tendrá comida y provisiones de sobra.
- Si es martes, su ropa se quemará.
- Si es miércoles, disfrutará de felicidad y tranquilidad.
- Si es jueves, será bueno y propicio.
- Si es viernes, acabará en prisión.

- Si es sábado, sufrirá numerosos problemas y desgracias.

- Si uno estrena un traje nuevo en domingo, experimentará felicidad y tranquilidad.
- Si lo hace en lunes, la ropa se romperá.
- Si lo hace en martes, aunque se meta en agua, su ropa se incendiará.
- Si lo hace en miércoles, conseguirá fácilmente otro traje nuevo.
- Si lo hace en jueves, su vestimenta será pulcra y elegante.
- Si es viernes, mientras el traje siga siendo nuevo, estará feliz y encantado.
- Si es sábado, enfermará.

- Si una persona se pone un traje nuevo por la mañana, será rica y afortunada.
- Si lo hace al mediodía, se volverá elegante.
- Si lo hace al atardecer, será desgraciada.
- Si lo hace por la noche, enfermará.

- Si una persona se baña en domingo, experimentará aflicción.
- Si lo hace en lunes, sus bienes aumentarán.
- Si lo hace en martes, trabajará bajo ansiedad mental.
- Si se baña en miércoles, aumentará su belleza.
- Si en jueves, su propiedad aumentará.
- Si en viernes, todos sus pecados le serán perdonados.
- Si en sábado, todas sus dolencias serán eliminadas.

- Para afeitarse, los días más favorables son lunes, miércoles, jueves y viernes; los otros tres son considerados poco propicios.

Otras supersticiones relacionadas con el tiempo
- Días de suerte para los negocios: los tres primeros días de la edad de la luna.

- Para casarse: los días 7, 9 y 12.
- Para pedir favores: los días 14, 15 y 17 (pero cuidado con el 16 y el 21).
- Para contestar cartas: si es posible, elige un día impar de la luna.
- Para viajar por tierra: elige el creciente de la luna.
- Para embarcarte en el océano: elige el menguante.

Meses y eventos especiales
- Marzo es un mes afortunado para comenzar un nuevo edificio.
- Aunque parezca singular, se considera cierto que es buen augurio abrir una sala de conciertos, una tienda de música o estrenar una pieza musical en la víspera de Santa Cecilia.
- No es bueno casarse en tu propio cumpleaños, ni en el de ningún mártir; cualquier otro día de santo es afortunado.
- No es afortunado que una mujer se case vestida de colores; su vestido debe ser lo más blanco posible. Si es viuda, puede elegir algún color agradable, pero debe evitar el verde y el amarillo.

Presagios populares
- Encontrarse con un funeral al ir a la iglesia para casarse presagia la muerte del primer hijo en la infancia.
- Encontrarse con un caballo blanco al ir a cerrar un negocio importante es señal de éxito.
- Encontrarse con un caballo picazo, si se va a pedir un favor, también es buen augurio.
- Que te siga un perro extraño es señal de buena suerte, sobre todo si se va a cortejar.
- Que una paloma entre volando en una casa ajena es señal de enfermedad; si se posa en una cama, presagia la muerte. Pero si entran dos palomas, es augurio de boda.
- Nunca recojas un guante extraño en la calle; no es afortunado.

Sobre los sueños y sus advertencias

- Nunca cuentes un sueño antes de desayunar, ni aquellos sueños para los cuales hayas usado un amuleto, ni siquiera a tu amigo más fiel.
- Si sueñas el mismo sueño tres veces, considéralo como una advertencia amistosa, especialmente si el sueño involucra agua, viajes o cualquier asunto peligroso.
- Puede que la Providencia quiera salvarte del peligro, así que no desprecies la advertencia.

Se conocen varios casos notables en la historia —como el de Guillermo II, el duque de Buckingham y muchos otros— que podrían haber escapado a la muerte si hubieran prestado debida atención a tales avisos.

SECRETOS
DE LA
MAGIA NEGRA
REVELADOS

CUANDO UNA PERSONA DESEA ELIMINAR LOS CALLOS

Cuando entierren a un anciano y suenen las campanas fúnebres, debe decirse lo siguiente:

Están tocando la campana fúnebre, y lo que ahora agarro pronto puede estar bien, y lo que mal agarro, lo quito, como yace el muerto en la tumba. Mientras se recita esta frase, sujete siempre la parte afectada con la mano. En el caso de los callos, pásese los dedos sobre ellos después de haberlos cortado, y repita la fórmula mientras las campanas suenan. En cuanto el cadáver comience a palidecer, los callos desaparecerán.

Si se trata de un varón, debe esperarse al entierro de un hombre; si de una mujer, al de una mujer.

CUANDO UNA LLAGA NO SE ABRE

Tome una virgulilla[3] del tamaño de la llaga, colóquela primero en agua y luego sobre la llaga.

¡Propatum![4]

PARA HERIDAS FRESCAS

Fresca es la herida, ¡bendito el día!
Feliz la hora que hallé
Pronto para detenerte y arrestarte,
Para que no te hinches ni supures,
Hasta que las montañas se encuentren.

---

[3] Pequeño fragmento de madera, similar a una astilla o viruta, utilizado tradicionalmente en aplicaciones curativas rituales.

[4] Término ritual, probablemente una deformación de *probatum* (latín para «probado»), usado como fórmula mágica.

PARA DETENER UN DISPARO

Tiro, quédate quieto en nombre del Señor,
No des aire ni llama,
Tan seguro como que el peñón de Gibraltar permanece
firme.

Mientras se disuelve, diga:
¡Dios vio su alegría y su gloria!

OBLIGAR A UN LADRÓN A DEVOLVER LOS BIENES ROBADOS

Consiga una vasija de barro nueva con tapa. Saque agua directamente de un arroyo, pronunciando los tres nombres más sagrados. Llene la vasija hasta un tercio. Llévela a casa, póngala al fuego y tome un trozo de pan de la corteza inferior de una hogaza; introduzca tres piñas en el pan. Hierva todo en la vasija y añada algunas ortigas recogidas con el rocío.
Entonces diga:

Ladrón, hombre o mujer, devuelve mis objetos robados, seas niño o niña; ladrón, si eres mujer u hombre, te obligo, en el nombre.

FABRICAR UNA BRÚJULA MAGNÉTICA QUE SERVIRÁ PARA DESCUBRIR LOS TESOROS Y LAS MENAS DE LA TIERRA

Para ello se requiere un imán elaborado con la perfección *plusquam*[5], acompañado de la materia prima de la que nacen todos los metales. Con ello debe reforzarse el imán de la brújula. Alrededor de esta deben grabarse los signos característicos de los siete metales.

---

[5] Término alquímico oscuro que puede referirse al estado ideal o más allá de lo perfecto, relacionado con la piedra filosofal o con la quintaesencia de un metal.

Si se desea averiguar qué clase de metal es más probable encontrar en un tesoro escondido o en un mineral bajo tierra, basta con ir al punto donde la varilla magnética ha señalado. Se ha de poner el pie en el lugar donde la perpendicular muestra atracción, tomar de cada metal un pequeño pedazo (de igual peso) y colocarlo sobre su carácter correspondiente. La aguja girará hacia aquel que predomine bajo tierra, y allí se detendrá.

DISCERNIR EN UN ESPEJO LO QUE UN ENEMIGO DISEÑA A TRES MILLAS O MÁS

Conseguíos un buen catalejo, del tamaño que se quiera, y enmarcadlo solo por tres lados; el izquierdo debe quedar abierto. Este cristal se orientará en dirección al enemigo, y podréis discernir sus distintivos, maniobras, acciones y movimientos. Se utilizó con eficacia durante la Guerra de los Treinta Años.

PARA DOLORES DE MUELAS AGUDOS

Toma un clavo nuevo, pica con él el diente hasta que sangre. Luego introduce el clavo en un lugar donde nunca brillen el sol ni la luna —por ejemplo, en una viga de sótano orientada al este—. Al primer golpe, pronuncia el nombre de quien se desea aliviar. Al segundo golpe, el dolor desaparecerá: *El dolor de muelas cesa, el dolor se calma.*

AGUA OCULAR QUE ACLARA LA VISTA, DE MODO QUE NO SE NECESITAN GAFAS

Toma buen aguardiente o brandy, ortigas, un dracma de jengibre, alcanfor, *Anamirta cocculus*[6], hierba y capuchina (de cada uno, un dracma); un escrúpulo de clavos o ruda, *Lathraea squamaria*[7], eufrasia[8], tanto como quepa entre dos dedos (una pizca). Machaca todo, introdúcelo en el aguardiente y déjalo destilar al sol durante el invierno, durante 24 días en una habitación cálida.

Sumerge el dedo y frótate los párpados por la mañana y por la noche. Mantendrá la vista clara y fuerte, sin necesidad de gafas.

PARA RECUPERAR BIENES ROBADOS

Observa por qué puerta salió el ladrón y corta de ella tres trozos de madera mientras pronuncias los tres nombres más sagrados.

Llévalos en silencio a un carro, quita una rueda y coloca la madera en el eje. Pronuncia de nuevo los tres nombres y vuelve a colocar la rueda, diciendo:

Ladrón, vuelve con el artículo robado. Serás obligado por la omnisciencia de Dios Padre, Hijo y Espíritu Santo.

Dios Padre te llama, Dios Hijo dirige tus pasos, Dios Espíritu Santo guía tu retorno.

Por el poder del Altísimo, no hallarás paz ni descanso hasta que lo robado vuelva a su legítimo dueño. La rueda no debe girar con rapidez, o tus pies se ampollarán. Llorarás de dolor y angustia y podrías morir antes de ser capturado.

Si eres más fuerte que Dios y la Santísima Trinidad,

---

[6] Una planta tóxica usada antiguamente en remedios y rituales.

[7] Planta históricamente utilizada en herbolaria para tratar dolores dentales y otras dolencias.

[8] Planta conocida desde la Edad Media por sus propiedades oftálmicas.

quédate donde estás. Si no, regresa. Los Diez Mandamientos te obligan: no robarás.

PARA PROTEGERSE DE LOS LADRONES MIENTRAS SE VIAJA

Repite tres veces:

Dos ojos malvados me han mirado, pero otros tres me guardan: uno de Dios Padre, otro de Dios Hijo, otro de Dios Espíritu Santo. Ellos vigilan mi carne, mi médula y todos mis miembros, grandes y pequeños. En el nombre de Dios, seré protegido.

TAMBIÉN PARA EL DOLOR DE MUELAS

San Pedro estaba bajo un roble. Entonces le habló nuestro Redentor:

—Pedro, ¿por qué estás triste y cansado?

Respondió Pedro:

—Porque se me pudren todos los dientes en la cabeza.

Entonces dijo Cristo:

—Ve a un rincón fresco y solitario. Allí corre un arroyo claro. Toma agua con tu boca enferma y escúpela de nuevo al arroyo. Haz esto tres veces seguidas, pronunciando en cada una los tres nombres más altos. Repite durante tres días.

CÓMO HACERSE AGRADABLE A TODOS

Lleva un ojo de buey contigo. Si lo llevas en el pecho, tus enemigos serán amables contigo. Si lo llevas en la cartera, tendrás suerte en los negocios.

SUJETAR A UNA PERSONA PARA QUE NO ESCAPE

Toma una aguja con la que se haya cosido la bata de un cadáver. Clava esta aguja en las huellas del pie de quien deseas retener. Esa persona no podrá escapar.

PARA TENER SUERTE EN EL JUEGO Y CAER BIEN A LOS DEMÁS

Cada vez que ejecuten a un delincuente, agarra tu pulgar derecho con la mano izquierda y mételo en el bolsillo derecho. Tendrás suerte en el juego y simpatía entre tus compañeros.

PARA PROBAR SI UNA PERSONA ES CASTA

Aprieta un poco de rábano en la palma de la mano. Si la persona no lo toca con la mano ni lo tantea, es casta.

CÓMO HACER QUE TU FUTURA ESPOSA TE AME

Toma plumas de la cola de un gallo y presiónalas tres veces en su mano.
Probatum[9].
O bien:
Lleva en la boca una lengua de tórtola[10], habla con dulzura, bésala, y te amará tanto que no podrá amar a otro.

CUANDO DESEAS QUE TU AMADA NO TE NIEGUE

Vuelve a llevarte a la boca la lengua de la tórtola y bésala, y ella aceptará tu propuesta.
O bien: Toma sal, queso y harina, mézclalos y colócalos en su habitación; no descansará hasta que te vea.

---

[9] Palabra latina que significa «probado» o «verificado», usada frecuentemente en grimorios y recetarios para indicar que la receta fue «puesta a prueba con éxito».

[10] Componente simbólico de hechizos amorosos, posiblemente relacionado con la tórtola como símbolo tradicional de fidelidad y amor.

UNA *AMBROSE-STONE*[11]

Roba los huevos de un cuervo[12], hiérvelos, y vuelve a colocarlos en el nido. El cuervo volará entonces sobre el mar y traerá una piedra del extranjero, que depositará sobre los huevos, los cuales se ablandarán al instante. Si tal piedra se envuelve en una hoja de laurel y se entrega a un prisionero, este será liberado de inmediato. A quien toque una puerta con dicha piedra, se le abrirá, y quien la lleve en la boca entenderá el canto de todos los pájaros.

CUANDO UN ANIMAL ES ESTÚPIDO

Si un animal corre desorientado, ladea la cabeza o muestra signos de desdicha o dolor, puede deberse al calor o a una sangre impura. En tal caso, es recomendable sangrarlo tres o cuatro veces, especialmente en viernes[13]. En todos los casos, pronuncia la siguiente gracia tres veces sobre el animal: la primera vez de pie a su lado derecho; la segunda, al lado izquierdo; la tercera, nuevamente al lado derecho. Mientras recitas, pasa la mano sobre su lomo de forma continua.

---

[11] El nombre parece derivar de una tradición popular anglosajona. Podría ser una deformación de *aetites* (piedra de águila) o una invención asociada simbólicamente a San Ambrosio. No existe equivalencia directa en castellano, aunque se le atribuyen poderes similares a otras piedras mágicas del folklore europeo.

[12] En múltiples tradiciones mágicas, los huevos de ciertas aves eran empleados en rituales por considerarse portadores de energía vital o conocimiento secreto.

[13] El viernes, día asociado a Venus y a la sangre en varias tradiciones, se consideraba propicio para liberar humores malignos o excesos de calor según la medicina humoral antigua.

PARA HACERSE A PRUEBA DE DISPAROS

Según una antigua creencia, el día de San Pedro y San Pablo, durante las vísperas, brotan raíces de agripalma[14]. Se dice que quienes las lleven encima no podrán ser heridos por disparo alguno.

PARA PESCAR

Toma valeriana o *Cocculus indicus*[15], haz pequeñas tortas con harina y arrójalas a las profundidades. En cuanto los peces las ingieran, quedarán aturdidos y flotarán en la superficie.

PARA DESTERRAR A TODOS LOS LADRONES, ASESINOS Y ENEMIGOS

Dios esté con vosotros, hermanos. Deteneos, ladrones, salteadores, asesinos y guerreros: todos hemos participado de la sangre rosada de Jesucristo.

Vuestros fusiles, pistolas y cañones queden sellados con las santas gotas de su sangre.

Que todas las armas mortales se sellen con las cinco llagas de nuestro Salvador.

Tres rosas[16] florecen en el corazón de Jesús: la primera es bondad, la segunda poder, la tercera la firme voluntad de Dios.

Bajo estas rosas, ladrones y asesinos, quedaos inmóviles mientras yo lo disponga. Sed desterrados, y con vosotros, vuestras malas acciones.

---

[14] *Leonurus cardiaca*. Planta tradicionalmente empleada en la medicina herbolaria europea; su vinculación con la invulnerabilidad es parte del folclore germánico.

[15] (*Anamirta cocculus*). Planta tóxica usada históricamente para aturdir peces. Su uso está hoy prohibido en muchos países.

[16] Imagen devocional que aparece en textos de piedad barroca. Su uso mágico en este contexto es un sincretismo entre cristianismo popular y prácticas apotropaicas.

PARA CITAR A UNA BRUJA

Toma una vasija de barro sin esmaltar, hecha por una niña menor de siete años.

Coloca en ella agua del animal embrujado, un huevo de gallina negra y un hilo que rodee el huevo tres veces. Invoca los nombres de tres demonios.

Sella la vasija con su tapa boca abajo[17], de forma hermética para que no escape vapor alguno.

Colócala al fuego y pronuncia

Lucifer, diablo, trae ante mí al brujo o la bruja, en nombre de los tres demonios.

EN CASO DE ROBO

Saca agua corriente de un arroyo y corta tres astillas del umbral por el que pasó el ladrón. Hazlo invocando los tres nombres del diablo.

PARA QUE NINGUNA BRUJA PUEDA SALIR DE LA IGLESIA

Compra zapatos nuevos y engrásalos con sebo el sábado. Póntelos y camina con ellos hasta la iglesia: ninguna bruja podrá salir sin que tú salgas antes.

OTRA FORMA DE PROVOCAR LA DEVOLUCIÓN DE BIENES ROBADOS

Toma tres pedazos de pan, tres pizcas de sal y tres trozos de manteca. Enciende una gran llama, arroja los ingredientes al fuego y repite, estando solo:

Pongo sobre el fuego pan, sal y manteca para el ladrón, por tu pecado y temeridad tan funestos.

Los lanzo sobre tus pulmones, hígado y corazón; que te abrume el terror y la conciencia, que las venas de tu

---

[17] Procedimiento típico en rituales de evocación o contención, pensado para evitar que el «espíritu» o «influencia mágica» se escape.

cuerpo revienten y se rompan.

Que no tengas paz ni descanso hasta que devuelvas lo robado al lugar de donde fue tomado.

Recítalo tres veces e invoca cada vez los tres nombres más sagrados.

PARA OBTENER DINERO

Toma huevos de golondrina, hiérvelos, devuélvelos al nido. Si la golondrina madre trae una raíz al nido, tómala, guárdala en tu monedero y llévala siempre contigo. Serás afortunado.

PARA ABRIR LAS CERRADURAS

Mata una rana verde, exponla al sol durante tres días y hazla polvo. Un poco de este polvo puesto en una cerradura la abrirá.

PARA ENTENDER EL CANTO DE LOS PÁJAROS

Toma la lengua de un buitre[18], déjala durante tres días y tres noches en miel; luego colócala bajo tu lengua, y así comprenderás todos los cantos de los pájaros.

PARA DETENER LA HEMORRAGIA DE UNA HERIDA

Toma un pequeño hueso humano y colócalo en la herida: la sangre dejará de fluir.

CÓMO CONSEGUIR UNA BUENA MEMORIA

Toma la hiel de una perdiz y úntate con ella las sienes una vez al mes. Tu memoria será excelente, como la del rey Mnemon[19].

---

[18] Tradicionalmente asociada al conocimiento oculto. En varias culturas, los buitres eran considerados mensajeros entre el mundo de los vivos y los muertos. La idea de «comprender el canto de los pájaros» se relaciona con la capacidad de descifrar lenguajes secretos o señales proféticas (cf. *augurium* romano).

[19] Probable deformación de *Mnemosyne*, diosa griega de la memoria. Alternativamente, puede aludir al rey persa Artajerjes II Mnemon, cuyo epíteto

PARA HACER QUE A ALGUIEN NO LE GUSTE EL JUEGO

Consigue un trozo de madera de un látigo con el que un verdugo haya azotado a criminales, y golpea con él a la persona, sobre su cuerpo desnudo: no volverá a jugar.

MIENTRAS SE VIAJA

Di cada mañana:

«Concédeme, oh Señor, una hora buena y placentera,
para que los enfermos se recuperen,
los afligidos encuentren descanso,
el ángel de la guarda los proteja,
los cautivos vean alivio,
los viajeros lleguen seguros,
y las mujeres en parto tengan alivio y gozo.»

QUE NINGUNA PERSONA TE NIEGUE NADA

Toma un gallo de tres años, introdúcelo en una vasija de barro nueva y mátalo. Déjalo en un hormiguero hasta el noveno día. Al sacarlo, encontrarás una piedra blanca en su cabeza. Llévala contigo: nadie te negará nada.

RAÍCES DE ORO PARA LA DENTICIÓN DE LOS NIÑOS

Cuando a los niños les estén saliendo los dientes, cuélgales raíces de oro[20] al cuello: les crecerán sin dolor. Quien lleve esta raíz también estará protegido contra cualquier daño.

- La agripalma cura el dolor de corazón y estómago.
- Quien lleve sus raíces curará los ojos.

---

significa «el que recuerda», aunque no se le atribuyen virtudes mnemotécnicas.

[20] Posiblemente una referencia a la *Gentiana lutea* (genciana amarilla), también llamada raíz de oro en herbolaria tradicional. Se le atribuían propiedades calmantes y protectoras.

- Las dolencias del perro desaparecen como mengua la luna.
- Sus flores alivian enfermedades del bazo o la leche acumulada.
- Las raíces de nasturtium, pulverizadas y aplicadas sobre los ojos, los vuelven claros y brillantes.
- Su savia, bebida, cura las dolencias del hígado.
- Llevar su raíz atrae el favor legal.

TALISMANES, AMULETOS, HECHIZOS Y CONJUROS

Hechizos de tal fuerza que ningún mago oscuro,
ni en las cavernas de Tesalia,
aunque secara el océano con su poder,
ni obligara a los cielos a girar,
igualar podría su arte.

TALISMANES

En el mundo de las ciencias ocultas, pocas cosas son tan intrincadas como la ciencia mística de los talismanes. Aunque muchos la han criticado, ha persistido a lo largo de los siglos.

Los anillos de luto, relicarios, escudos de armas y recuerdos personales son formas modernas de talismanes. La búsqueda de la caul[21] de un niño para protegerlo del agua o el renombre del *Talismán* de Sir Walter Scott demuestran esta fe.

Se dice que un mago oriental entregó a Napoleón un talismán antes de su campaña en Egipto, para protegerlo de atentados y heridas.

TALISMÁN PARA EL AMOR

Debe prepararse cuando Venus[22] sea estrella vespertina. Lo ideal es que esté hecho de plata pura. Si no, recorta su figura de este libro y pégala en un medallón, reloj, o cartón redondo, y llévalo sobre el corazón o en el bolsillo.

---

[21] La «caul» o *velo amniótico* era considerado un poderoso amuleto en la Edad Media, especialmente contra el ahogamiento o la mala suerte. Se conservaban y vendían como objetos mágicos.

[22] En astrología renacentista, el momento en que Venus aparece tras el ocaso (como lucero de la tarde) se consideraba óptimo para realizar encantamientos relacionados con el amor y la armonía.

TALISMÁN CONTRA LOS ENEMIGOS

Debe fundirse en estaño puro y grabarse durante la luna creciente[23]. También puede recortarse su imagen y colocarse en un medallón o cartón redondo. Debe mantenerse oculto. Sus efectos: proteger contra enemigos, frustrar sus planes e inspirar confianza al portador.

TALISMÁN DE GUERRA Y BATALLA

Este talismán lleva la señal celestial que, según la tradición, apareció al emperador Constantino[24] en presencia de su ejército.

Debe forjarse en acero templado, o en su defecto, pegarse su imagen en un objeto apropiado y atarse al brazo de la espada.

Según un manuscrito antiguo:

---

[23] Según Agrippa y otros ocultistas, cada metal correspondía a un planeta y un propósito mágico. El estaño está asociado a Júpiter y a la expansión, protección y autoridad. Grabar en luna creciente favorece el crecimiento del poder talismánico.

[24] La visión del «In hoc signo vinces» (Con este signo vencerás) tuvo lugar antes de la batalla del Puente Milvio (312 d.C.), y consolidó el uso del crismón ℞ como símbolo protector en contextos militares.

«Quien lleve esta señal consigo será auxiliado en toda necesidad y peligro.»

TALISMÁN PARA DESTRUIR INSECTOS Y REPTILES

Este talismán debe elaborarse, si es posible, en hierro, cuando el Sol y la Luna entren en el signo de Escorpio[25].

Se ha demostrado que su efecto es poderoso: ningún reptil venenoso ni insecto molesto puede acercarse a menos de unas pocas yardas del lugar donde se encuentra.

El manuscrito del que se toma este relato costó una suma considerable, y un caballero médico, su anterior propietario, afirma haber probado su eficacia. Estando en una ocasión muy molesto por escarabajos, fabricó un talismán conforme a estas instrucciones y lo fijó al suelo. Los insectos desaparecieron inmediatamente. Sin embargo, cuando un sirviente lo retiró por ignorancia, regresaron en gran número; al volver a fijarlo, desaparecieron de nuevo.

Si no resulta práctico fabricar este talismán en metal, puede recortarse la ilustración de este libro, pegarla sobre una lámina de hojalata u otro metal, o incluso sobre cartón resistente.

---

[25] Escorpio está tradicionalmente asociado a fuerzas ocultas, transformación y muerte en la astrología. Se considera un signo adecuado para rituales relacionados con control y purificación.

PARA VENCER ENCANTOS E INFLUENCIAS MALIGNAS

Repite con reverencia y sincera fe las siguientes palabras y estarás protegido en la hora del peligro:

He aquí, Dios es mi salvación; confiaré y no temeré, porque el Señor Jehová es mi fortaleza y mi canción; Él también se ha convertido en mi salvación.
Porque las estrellas del cielo y sus constelaciones no darán su luz; el sol se oscurecerá al salir, y la luna no hará resplandecer su luz.
Y he aquí, a la marea de la tarde, turbación; y antes de la mañana, no está.
Esta es la porción de los que nos despojan, y la suerte de los que nos roban.

AMULETO CONTRA LOS PROBLEMAS EN GENERAL

Repite con reverencia y sincera fe las siguientes palabras:

Él te librará de seis tribulaciones, y en la séptima el mal no te tocará.
En el hambre te redimirá de la muerte, y en la guerra del poder de la espada.
Y sabrás que tus moradas estarán en paz; visitarás tu tienda y no pecarás.[26]

AMULETOS, PRESAGIOS Y SEÑALES

El uso de amuletos y talismanes está muy extendido, y muchas personas llevan consigo su «amuleto de la suerte». Las piedras magnéticas son comúnmente utilizadas para atraer

---

[26] Las frases de los encantos protectores proceden de textos bíblicos adaptados, principalmente de Isaías 12:2 y 13:10, y posiblemente de Job 5:19–24, reinterpretados para fines mágicos.

buena fortuna, amor y felicidad, al igual que ciertos ídolos o imágenes. Estas creencias se remontan a milenios atrás.

NUBES

- Nubes vellosas: presagian largas temporadas húmedas o secas.
- Nubes con rayas largas: indican buen tiempo.
- Halo lunar: señal de lluvia.
- Número impar de relámpagos en rápida sucesión: augurio de buena suerte.
- Trueno en cielo despejado: señal favorable.

SIGNOS FÍSICOS Y PRESAGIOS

- Ver la luna nueva por primera vez a través de un cristal: mala suerte.
- Una abeja entrando en casa: retenerla brevemente trae suerte.
- Grillos en casa: buena suerte; si se van sin razón, presagian enfermedad.
- Enfermos que ven una estrella fugaz: mejoran en un mes.
- Aullido persistente de perros: presagia desgracia.
- Petirrojos: mensajeros de buena suerte.
- Matar una polilla que revolotea alrededor de una vela: trae suerte.
- Cuchillo clavado accidentalmente con la punta en el suelo: buen augurio.
- Derramar sal: mala suerte. Para evitarla, echar una pizca sobre el hombro izquierdo.
- Tetera que canta: felicidad en el hogar.
- Chispa en la mecha de una vela: llegará una carta a quien la vea.
- Mudarse un viernes: mala suerte. Lunes y miércoles, días afortunados.

- Besar a una chica bajo el muérdago: buena suerte. Si ella rechaza el beso: mala suerte.
- Vestirse al revés por error: buena suerte.
- Ver una estrella fugaz: pedir un deseo mientras se mueve para que se cumpla.
- Un conejo cruzando el camino: mal presagio.
- Ulular continuo de búhos por la noche: anuncia mala salud.
- Lavarse con agua usada por otro: echar primero unas gotas en la cabeza antes de vaciar el recipiente, para evitar la mala suerte.
- El sol y el estornudo de un gato[27]: buenos presagios para las novias.
- Un niño que se arrastra: será más afortunado en la vida.
- Herraduras colgadas sobre la puerta del hogar o del granero: traen suerte y buena cosecha.
- Recoger un alfiler del suelo: buena suerte. Dejarlo: mala suerte.
- No contar un mal sueño antes del desayuno: podría hacerse realidad.
- Ver la luna nueva por primera vez sobre el hombro derecho: permite pedir un deseo.
- Romper un espejo: siete años de mala suerte.
  - En países católicos, se evita esta mala suerte persignándose y diciendo: «Que los santos eviten la desgracia.»
  - Romper un vaso a propósito y desecharlo: no trae consecuencias.

---

[27] En algunas culturas europeas, el estornudo de un gato era augurio de buen tiempo o suerte, sobre todo en bodas.

SUPERSTICIONES POPULARES

TOCAR MADERA

La costumbre de tocar madera para evitar la mala suerte es quizá la más extendida y la practican personas de todas las clases en todo el mundo. Su origen se atribuye al antiguo rito religioso de tocar un crucifijo al prestar juramento. Se dice que incluso un presidente de los Estados Unidos fue acusado de recurrir a esta extraña costumbre.

EL OJO MALVADO

El miedo a ser embrujado por el mal de ojo está muy difundido entre las razas latinas. En muchos lugares se cree que ciertas personas, poseedoras del poder del diablo o de fuerzas sobrenaturales, pueden hechizar a otra con sólo mirarla con odio.

La psicología moderna enseña que es posible influir en los demás con la mente, el gesto o la expresión, pero esto no debería considerarse propiamente como el hechizo del mal de ojo, que es un mito. Aun así, muchas personas siguen creyendo en él y utilizan talismanes para protegerse, lo que puede tener un efecto real al transformar pensamientos negativos en positivos.

Uno de los amuletos más populares es la cruz de azabache, que se dice se romperá si es mirada por una persona con malas intenciones.

En algunas regiones, se frota la cara del recién nacido con una rama de pino para alejar influencias malignas. En otras culturas, como entre los mahometanos, se cuelgan objetos del techo sobre la cuna, siendo la llave de la casa el más eficaz. En la India, adornan a los niños con joyas para confundir y alejar el mal de ojo.

OTRAS CREENCIAS POPULARES

– Si encuentras un grito, debes guardar una piedra bajo la cabeza de una persona dormida: esa persona revelará todos los secretos que conozca.

– Llevar una pata de tejón atrae la fortuna y evita el desconcierto.

– Llevar el ojo completo de un animal otorga benignidad; la cabeza, discernimiento ante los engaños; la cabeza de un cuervo en el pecho, amor de todos los que te rodean.

– Si se introduce un topo vivo en una olla con azufre encendido, todos los topos acudirán.

– Hervir un lunar en una olla de barro y lavar con esa agua el cabello lo volverá blanco.

– En agosto, si se saca una golondrina del nido, puede hallarse en su estómago una piedra que, colgada bajo el brazo izquierdo, protege contra calumnias y atrae simpatía.

– Se dice que los caracoles tienen una estrella en la cabeza; si se encuentra, es buena contra enfermedades renales.

REMEDIOS CASEROS Y MÁGICOS

– Para un esguince: machacar bayas de enebro con flores de heno, hervir en vino viejo y aplicar como cataplasma.

– Para hacerse invisible: perfora el ojo derecho de un murciélago y llévalo contigo.

– Para el sarampión: colgar raíces de *purnellac*[28] al cuello de los niños enfermos.

– Para extraer astillas: zanahorias machacadas con miel secadas en polvo y aplicadas a la herida.

– Para pulmones inflamados en el ganado: calentar arenisca, meterla en agua fría y darla a beber.

– Para el picor o costra: mezclar precipitado, manteca de cerdo y estiércol de gallina blanca, hacer lejía y lavar la piel.

– Para llagas abiertas: calentar una judía de manteca de cerdo, añadir yema de huevo y azafrán, remover y aplicar.

---

[28] El término *purnellac* aparece en grimorios tradicionales como los atribuidos a Albertus Magnus, pero no se ha logrado identificar con certeza a qué planta corresponde. Podría tratarse de una corrupción de un nombre botánico en latín, una transliteración inexacta o una especie cuyo uso ha desaparecido. No existe referencia fiable en botánica moderna bajo ese nombre.

– Para la resaca: hongos de tilo en vino y agua, reposar 24 horas, tomar una cucharadita tres veces al día.

– Para miembros gotosos: mezcla de manteca de perro, aceite de conos de abeto, *olday*, aceite de foca y manteca; aplicar como ungüento.

– Para sangre coagulada: emplasto de *nomo*[29] aplicado una o dos veces.

– Para piojos: mezclar mora de pescado con manteca de cerdo y untar la cabeza.

– Bebida para caballos: berros, bayas verdes de enebro, cuerno de ciervo y jabón veneciano.

– Si un arma está embrujada: limpiar con mezcla de ámbar líquido, asafétida y agua de río; luego colgar el trapo en humo o enterrarlo en tumba nueva.

– Para protegerse del frío: hervir ortiga y ajo en manteca de cerdo, y untar manos y pies.

– Para la cabeza débil o distraída: hervir un hormiguero en una tetera durante seis horas, destilar al sol, y lavar la cabeza con esa agua. En casos graves, bañar al paciente.

– También se dice que beber sangre de asno ayuda en estos casos.

EL GATO NEGRO

Por lo general, los gatos negros se consideran de mala suerte, pero, contrariamente a la creencia común, también se les atribuye la capacidad de atraer la buena fortuna. Sin embargo, matar a un gato negro se considera un acto de mal agüero, que conlleva un año entero de desgracias. Si un gato negro se cruza en tu camino, es señal de buena suerte, no de mala. En cambio, oírlo maullar a medianoche se considera un presagio funesto.

---

[29] No existe constancia de una sustancia medicinal con este nombre en fuentes botánicas o farmacológicas. Puede tratarse de una lectura errónea o alteración de otro término.

Diversas acciones y comportamientos de los gatos se interpretan como augurios de acontecimientos buenos o desafortunados.

SUPERSTICIONES DE COLOR

El color influye profundamente en el estado de ánimo de las personas. Se cree que cada individuo posee un matiz cromático propio, relacionado con su «estrella de la suerte». El simbolismo cromático es el siguiente:

- Rojo: amor, afecto y deseo carnal; también es el color publicitario por excelencia.
- Naranja: simplicidad e ignorancia; asociado al dios del matrimonio.
- Escarlata: emoción e ira; debe ser evitado por personas virtuosas.
- Rojo brillante: símbolo de Marte, representa poder, valor y confianza.
- Amarillo: en la Antigüedad, gloria y fortuna; hoy, infidelidad y deshonra.
- Marrón: sabiduría mundana y distinción.
- Verde: juventud y esperanza, vinculado a la primavera.
- Negro: tristeza, melancolía y muerte.
- Blanco: pureza y deseo noble.

PIEDRAS DE LA SUERTE

Se cree que las piedras natales traen buena fortuna. Cada una se asocia a un mes o signo zodiacal:

- Enero: Granate
- Febrero: Amatista
- Marzo: Heliotropo (Bloodstone)
- Abril: Diamante
- Mayo: Esmeralda
- Junio: Ágata
- Julio: Rubí

- Agosto: Sardónice
- Septiembre: Zafiro
- Octubre: Ópalo
- Noviembre: Topacio
- Diciembre: Turquesa

También se asigna una piedra a cada día de la semana:

- Domingo: Rubí y Crisólito
- Lunes: Selenita, Perla y Ópalo
- Martes: Amatista y Heliotropo
- Miércoles: Ágata, Jade y Olivino
- Jueves: Esmeralda y Zafiro
- Viernes: Turquesa y Lapislázuli
- Sábado: Ónice

CÓMO HACER QUE TU AMANTE O NOVIA REGRESE

Si una doncella desea ver a su amante, debe seguir este procedimiento: pincharse el tercer dedo de la mano izquierda —el dedo anular, tradicionalmente asociado al matrimonio[30]— con una aguja afilada (nunca con un alfiler). Con la sangre obtenida, debe escribir su nombre y el de su amante en un trozo de papel blanco, con caligrafía tan pequeña como pueda, rodeando los nombres con tres círculos concéntricos dibujados con la misma sangre. Luego debe doblar el papel cuidadosamente y enterrarlo con su propia mano, exactamente a la novena hora de la

---

[30] La *vena amoris* (en latín, vena del amor) es el nombre dado en la Antigüedad y la Edad Media a una supuesta vena que conectaba directamente el cuarto dedo (la mención del «tercer dedo» en el texto responde a una forma tradicional de numeración que no contaba el pulgar, por lo que el anular era entonces considerado el tercero). de la mano izquierda (el «dedo anular») con el corazón. Esta creencia simbólica justificó durante siglos la costumbre de colocar en ese dedo el anillo de compromiso o de boda. Aunque fisiológicamente incorrecta —todas las venas llevan sangre al corazón—, la idea persistió hasta el siglo XVII, cuando William Harvey demostró la circulación sanguínea. El término aparece por primera vez en 1686 en *A Treatise of Espousal or Matrimonial Contracts* de Henry Swinburne, quien citaba fuentes egipcias antiguas y a autores como Macrobio (*Saturnalia*, VII) e Isidoro de Sevilla (*De ecclesiasticis officiis*, XX, 8), quienes atribuyen la conexión al corazón a un nervio o vena simbólica.

noche, en un lugar secreto. No debe revelar este acto a nadie. Se dice que su amante acudirá en su búsqueda lo antes posible, sin poder hallar descanso hasta verla. Si ha habido una disputa entre ambos, también propiciará la reconciliación. Un joven puede seguir el mismo ritual, pero en lugar del dedo anular, deberá pincharse el pulgar izquierdo.

FOLCLORE DE LOS ALFILERES

En muchas regiones del norte se evita entregar un alfiler directamente a otra persona. Cuando alguien pide uno, la respuesta habitual es: «Puedes cogerlo, pero yo no te lo doy». Aunque el origen exacto de esta superstición es desconocido, podría estar relacionado con la antigua creencia de que regalar un objeto afilado, como cuchillos o tijeras, corta los lazos de afecto entre las personas.

Existe también una superstición popular relacionada con las bodas: al finalizar la ceremonia, la novia debe deshacerse de todos los alfileres usados en su atuendo nupcial. Si conserva alguno, se cree que atraerá la desgracia. Del mismo modo, las damas de honor que guarden estos alfileres verán mermadas sus posibilidades de casarse antes de la siguiente festividad de Pentecostés. En Sussex, las jóvenes solteras intentan arrebatar a la novia tantos alfileres como puedan, ya que poseer uno se considera señal segura de matrimonio en el plazo de un año.

PROPIEDADES MÁGICAS DE LOS ALFILERES

Se cree que los alfileres poseen propiedades mágicas curativas. Por ejemplo, en Alabama, para curar verrugas se clava un alfiler en la corteza de un fresno. Luego, con el mismo alfiler, se pincha la verruga hasta causar dolor, y se vuelve a clavar el alfiler en el árbol. Todas las verrugas, se afirma, desaparecen por completo. Algunos fresnos llegan a mostrar numerosas marcas de este tipo de rituales.

Existe una rima popular asociada a este procedimiento:

Árbol ceniciento, árbol ceniciento,
Ora compra estas verrugas mías.

También se dice que clavar un clavo en un roble alivia el dolor de muelas. Otra práctica consiste en frotar las verrugas con un caracol, previamente pinchado con un alfiler por cada verruga que se desea eliminar. Se cree que, al marchitarse el caracol, las verrugas también desaparecen. Muchas de estas prácticas se basan en la idea de transferir el mal a otro objeto, un acto simbólico de sacrificio.

SUEÑOS QUE SE HACEN REALIDAD

Un campesino de las cercanías de Reims soñó que un joven lo guiaba hasta los cimientos de un viejo muro, donde debía levantar una gran piedra. Al día siguiente, siguió la indicación y descubrió un jarrón lleno de monedas de oro. El sueño lo había enriquecido.

Otro ejemplo es el de Gassius de Parma, seguidor de Marco Antonio, quien huyó a Atenas tras la batalla de Accio. Una noche, mientras dormía, tuvo una visión de un hombre alto, de tez oscura y cabellos enmarañados, que se presentó como su genio maligno. Gassius despertó sobresaltado y revisó la casa, pero las puertas estaban cerradas y nadie había entrado. Convencido de que se trataba de una ilusión, volvió a dormir, pero la visión se repitió. Al amanecer, fue ejecutado por orden del emperador Augusto.

ASESINATO REVELADO

Dos amigos arcadios, que viajaban juntos, llegaron a Megara. Uno de ellos se alojó en casa de unos conocidos, mientras que el otro se hospedó en una taberna pública. Aquella noche, el primero fue visitado en sueños por su compañero, quien le suplicaba que acudiera a liberarlo de una trampa tendida por el tabernero. Se despertó sobresaltado, se levantó, se vistió y se dirigió a la taberna, pero un pensamiento repentino lo hizo desistir. Regresó a casa, se desnudó y volvió a acostarse. El compañero volvió a presentarse en sueños, esta vez cubierto de sangre, implorando venganza por su asesinato. Reveló que había sido traicionado y asesinado por el tabernero, y que su cuerpo estaba escondido bajo un estercolero a las puertas de la ciudad. Aterrorizado por esta segunda aparición, el arcadio acudió al lugar indicado, donde efectivamente halló el cadáver de su amigo. Esto le permitió llevar al asesino ante la justicia.

SUEÑOS AFORTUNADOS

Un comerciante de París, que dormía junto a su esposa, soñó que una voz le decía: «He cumplido cuarenta años, siete meses y veintinueve días de trabajo, y soy feliz». Su esposa, que dormía a su lado, tuvo el mismo sueño. Al despertar, salió sin decir palabra y compró un billete de lotería con los números 40-729.[31] Ese mismo día salieron premiados esos números. El comerciante lamentó no haber seguido la sugerencia del sueño, pero su tristeza se tornó en alegría al saber que su esposa sí lo había hecho y había ganado el gran premio de la Lotería Real.

En otra ocasión, una anciana parisina solía alimentar las esperanzas de su sobrina con promesas de una herencia que nunca llegaba, postergando cada año con diversas excusas. Finalmente, falleció. Poco después, se apareció a su sobrina durante la noche y le ordenó retirar la baldosa central de la chimenea, donde encontraría el tesoro tantas veces prometido. La joven obedeció, pero solo halló un montón de cenizas. Furiosa, maldijo a su tía por haberla engañado incluso después de muerta. Sin embargo, la noche siguiente, la difunta volvió a

---

[31] Durante los siglos XVIII y XIX, era habitual en Europa —especialmente en Francia e Italia— interpretar sueños como indicios de números afortunados. Esta práctica dio origen a lo que se conoce como *oniromancia numerológica*, y aún sobrevive en la *Smorfia napolitana*, que asigna significados numéricos a los símbolos oníricos.

aparecer y, sin pronunciar palabra, señaló cuatro números escritos en la pared.

Aunque dudaba de la conexión con la lotería —como se rumoreaba en la ciudad—, la sobrina decidió probar suerte, sobre todo porque el billete que le ofreció el vendedor coincidía exactamente con los números señalados por la aparición. Los números salieron premiados en el mismo orden, y la joven obtuvo una fortuna de cuatrocientos mil francos.

LA VISIÓN DE DIONISIO

Dionisio de Siracusa, mientras descansaba una noche en su diván, despierto y reflexivo, oyó un fuerte ruido. Al levantarse para averiguar su causa, vio al fondo de la galería a una mujer de estatura colosal y aspecto espantoso —como una de las Furias— que barría la mansión con una escoba gigantesca. Aterrorizado, llamó a sus amigos y pasó con ellos el resto de la noche. La aparición no se repitió.

Dos días después, su hijo cayó desde una ventana y fue asesinado. Antes de que transcurriera una semana, toda su familia fue destruida. El historiador Leloyer[32] comenta que Dionisio y su linaje fueron literalmente «barridos» de la faz de la tierra, tal como lo había simbolizado aquella visión funesta del espíritu vengador de Siracusa.

---

[32] El episodio de la visión espectral de Dionisio de Siracusa, en el que una figura femenina de aspecto aterrador barre su palacio como presagio de desgracias, se encuentra documentado en *Discours des spectres* (1605) de Pierre Le Loyer (1550–1634), jurista y escritor francés. Esta obra es una de las compilaciones más influyentes del siglo XVII sobre apariciones, demonología y fenómenos sobrenaturales. Le Loyer utiliza este relato para ejemplificar cómo ciertos espectros actúan como presagios de la ruina o la muerte inminente.

OBSERVACIONES
SOBRE LOS OJOS

Las manchas en los ojos son de dos clases: unas aparecen en el blanco del ojo, lo cual indica una repentina redundancia de la melancolía, propia de aquellos que están próximos a la muerte; otras son manchas negras que se hallan sobre el iris, producto de una melancolía habitual, y son índice de pasiones aflictivas del ánimo.

También se observan manchas semejantes al grano de mijo o de forma cuadrangular; si presentan diversos colores —como el fuego, rojo, azul o en forma de arco iris— todo ello indica una disposición loca, salvaje, cruel y en la peor de las condiciones, de donde pueden pronosticarse sucesos horribles y una muerte no natural.

Las siguientes observaciones adicionales relacionadas con los ojos resultarán interesantes y útiles:

1. Los ojos grandes denotan una persona perezosa, atrevida y mentirosa, de mente rústica y tosca.
2. Los ojos hundidos indican una gran mente, aunque llena de dudas; sin embargo, suelen ser generosos y amistosos. Si son azules o grises, indican gran conocimiento; si tienen un tono verdoso, revelan malicia, injuria y envidia; si son rojizos, son de naturaleza felina.
3. Los ojos prominentes y de color desvaído indican una persona simple, necia y derrochadora.
4. Los ojos agudos y penetrantes, que se inclinan hacia las cejas, revelan a un engañador, una persona reservada y sin ley.

5. Los ojos pequeños, como los de un topo o un cerdo, denotan entendimiento débil y facilidad para ser engañado.

6. Cuidado con los ojos entrecerrados: de cien personas así, no hallarás dos fieles. Suelen ser astutas e insinuantes.

7. Es de muy mal augurio encontrarse con una persona bizca. Por experiencia, se recomienda que quien se encuentre con una al salir a un negocio importante, regrese a su casa y postergue sus asuntos para otro día, si desea tener éxito.

8. Los ojos que se mueven lentamente y parecen somnolientos revelan a una persona infiel, perezosa y revoltosa.

9. Los peores son los ojos amarillentos o cetrinos; quien los posee es persona peligrosa si uno está en su poder.

10. Guárdate también de quienes, al despertarse, guiñan los ojos, pues son de ánimo doble. Si una mujer lo hace con el ojo izquierdo, no confíes en la fidelidad de su amor y observa atentamente su conducta.

11. Un niño que presenta una vena azul atravesando la nariz, entre los ojos, generalmente no vivirá mucho tiempo; pero si sobrevive, será muy apasionado y causará gran preocupación a su familia.

Sin embargo, rara vez se encontrará engaño donde los ojos miran con modesta confianza, sin desviar la mirada ni apartarse como si ocultaran un delito. Cuando en los negocios, el amor o la amistad se muestra una firmeza tierna, se expresa la conciencia de la integridad del corazón y de la conducta.

SIGNOS TOMADOS DE PARTES DE LOS OJOS

1. Un ángulo largo en los ojos indica disposición malévola.
2. Los ángulos cortos muestran naturaleza loable. Si los ángulos cercanos a la nariz son carnosos, denotan constitución caliente e inclinación a la improbidad.
3. Si las bolas de los ojos son iguales, indican justicia; si desiguales, lo contrario.
4. Los círculos de colores variados y secos revelan fraude y vanidad; si son húmedos, denotan fortaleza, prudencia y elocuencia.
5. Un círculo inferior verde y uno superior negro son señales ciertas de una persona engañosa y fraudulenta.
6. Los ojos de tamaño moderado, claros y brillantes, son signo de mente ingeniosa, noble, generosa y honesta.

EL LENGUAJE
SILENCIOSO

Por el movimiento de las manos

Este arte se realiza mediante las veinticuatro letras representadas con la mano y los dedos, que se deben aprender para luego deletrear las palabras que se desea comunicar. Las letras se aprenden y recuerdan con facilidad.

He enseñado este método a varias personas en menos de media hora. La mayoría de las letras se señalan en la mano izquierda, utilizando los dedos de la mano derecha. El índice de la mano derecha apunta cada letra; en algunos casos, ese dedo y los dos siguientes forman ciertas letras, como se verá a continuación.

Las vocales son muy fáciles de recordar, pues se representan con las puntas de los cinco dedos de la mano izquierda, y la Y es la palma de la mano:

- Pulgar: A
- Índice: E
- Corazón: I
- Anular: O
- Meñique: U
- Palma: Y

Otras letras se representan así:

- B: un dedo sobre el pulgar izquierdo
- C: dos dedos sobre el pulgar izquierdo
- D: tres dedos sobre el pulgar izquierdo
- F: los dos dedos juntos
- G: puños apretados
- H: ambas palmas acariciándose
- K: el índice sobre la muñeca izquierda
- L: un dedo sobre el dorso de la mano izquierda
- M: tres dedos sobre el dorso de la mano izquierda
- N: dos dedos sobre el dorso de la mano izquierda
- P: la mano izquierda cerrada o en puño
- Q: la mano derecha apretada
- R: dedos pequeños unidos
- S: dorsos de ambas manos juntos

- T: el extremo del índice sobre la articulación media del otro índice
- W: dos dedos sobre el meñique izquierdo
- X: dos dedos cruzados de frente
- Z: dos chasquidos con los dedos

Practícalo unas cuantas veces, y pronto lo harás perfectamente. Varios movimientos representan la forma de las letras: por ejemplo, un dedo sobre el dorso de la mano indica la letra I; dos dedos, la N; tres dedos, la M. El dedo índice tocando la articulación media del otro índice representa la T. Dos dedos cruzados indican una X.

Asimismo, las letras B, C y D son fáciles de recordar:
- Un dedo sobre el pulgar izquierdo representa B,
- Dos dedos, C,
- Tres dedos, D.

El resto del alfabeto se aprende pronto y con igual facilidad. Debes recordar siempre dar un chasquido con los dedos entre cada palabra, para que tu interlocutor pueda distinguir una palabra de otra.

Si te hallas en compañía y crees que alguien podría entender vuestro lenguaje, es posible variar la posición de las vocales a otra parte de la mano; así, nadie excepto tu amigo podrá comprenderte.

Supón que deseas decir a tu señora, en medio de una gran concurrencia: *«Señora, soy su humilde servidor»*. Este sería el procedimiento:

1. Pon tres dedos sobre el dorso de la mano – M
2. Toca el extremo del pulgar – A
3. Tres dedos sobre el pulgar izquierdo – D
4. Pulgar de nuevo – A
5. Tres dedos sobre el dorso de la mano – M
6. Chasquea los dedos
7. Señala el extremo del dedo corazón – I
8. Chasquea los dedos
9. Pulgar – A
10. Tres dedos sobre el dorso de la mano – M
11. Chasquea los dedos

12. Palma de la mano izquierda – Y
13. Extremo del dedo anular – O
14. Extremo del meñique – U
15. Une los meñiques – R
16. Chasquea los dedos
17. Junta las palmas de las manos – H
18. Meñique – U
19. Tres dedos en el dorso de la mano – M
20. Un dedo sobre el pulgar – B
21. Un dedo en el dorso de la mano – L
22. Extremo del índice – E
23. Chasquea los dedos
24. Dorsos de las manos juntos – S
25. Extremo del índice – E
26. Une los deditos – R
27. Extremo del meñique – V
28. Extremo del pulgar – A
29. Dos dedos en el dorso de la mano – N
30. Índice sobre la articulación media del otro – T
31. Chasquea los dedos

CÓMO ESCRIBIR CARTAS DE AMOR EN SECRETO

Para escribir cartas de amor sin que puedan ser descubiertas, toma una hoja de papel blanco, dóblala por la mitad y haz cortes u orificios en ambas mitades, con forma de panel de vidrio o cualquier diseño que prefieras. Luego, con un alfiler, haz dos pequeños agujeros en los extremos, y corta el papel en dos mitades. Entrega una de ellas a tu amigo o amiga.

Cuando quieras escribir, coloca tu mitad sobre otra hoja de papel blanco. Asegura ambas con alfileres, usando los orificios realizados, para que no se muevan. Luego, escribe tu mensaje a través de las aberturas.

Cuando hayas terminado, retira la plantilla con los cortes y escribe algunas palabras sin importancia antes y después de tu mensaje, para que parezca un texto común. Si logras que tengan algún sentido, aunque leve, resultará aún menos sospechoso. Después, sella y envía la carta.

Cuando tu destinatario la reciba, deberá colocar su mitad sobre la carta, alineando los agujeros con alfileres. Así podrá leer únicamente el mensaje oculto, ya que el resto del texto estará cubierto.

OTRA MANERA: CON TINTA INVISIBLE

Otra opción consiste en escribir en una cara del papel con tinta común, y en la otra cara escribir con leche, usando una pluma limpia. Déjalo secar completamente. Cuando se quiera leer el mensaje secreto, se debe acercar esa cara al fuego (sin tocarlo), y las letras escritas con leche aparecerán con un tono azulado visible desde el reverso.

LA MANERA DE ENRIQUECERSE Y VIVIR FELIZ EN EL ESTADO MATRIMONIAL

«Hay una marea en los asuntos de los hombres que, tomada en la crecida, conduce a la fortuna.»[33]

Quien junto al arado prospera,
debe él mismo conducirlo o sostenerlo.
Procura ahorrar mientras puedas,
pues ningún sol de la mañana dura todo el día.
Consigue cuanto puedas, y lo que consigas, consérvalo:
es la piedra que convierte el plomo en oro.
Por tanto, gobiérnate por mí, te lo ruego:
guarda algo para un día lluvioso.
Recuerda que el tiempo es dinero.

Quien puede ganar 2,50 dólares al día y pierde media jornada por ocio o distracción, aunque sólo gaste 10 centavos durante ese tiempo, no debe contar eso como único gasto; en realidad

---

[33] *Cita de* William Shakespeare, *Julio César*, acto IV, escena III.

ha malgastado, o mejor dicho, arrojado a la basura, más de un dólar.

Recuerda también que el crédito es dinero.

Si alguien confía en ti y deja su dinero en tus manos después del vencimiento, te otorga, de hecho, el interés que ese dinero puede producir. Cuando se tiene buen crédito y se emplea sabiamente, la suma puede ser considerable.

Recuerda que el dinero es fértil por naturaleza.

El dinero engendra dinero, y sus crías más dinero aún. Así, 1,25 $ se convierte en 1,50 $, luego en 1,75 $, y así sucesivamente hasta llegar a cien dólares. Cuanto más capital se posee, más produce cada ciclo. Tirar un solo dólar es como destruir todo lo que podría haber producido, incluso decenas de dólares.

Ten presente este proverbio:

«El buen pagador es señor de la bolsa ajena.»

Aquel que es conocido por pagar puntual y exactamente cuando lo promete puede, en cualquier momento, reunir el dinero disponible de sus amistades. Eso, unido a la industria y a la frugalidad, puede ser de gran utilidad. Nada eleva más a un hombre en el mundo que la puntualidad en todos sus tratos.

Por tanto, nunca retengas dinero prestado más allá del tiempo acordado, no sea que pierdas para siempre la confianza de quien te lo ofreció. Incluso las acciones más pequeñas que afectan el crédito deben evitarse.

El sonido del martillo a las cinco de la mañana o a las nueve de la noche, si lo oye tu acreedor, le dará tranquilidad por seis meses más.

Pero si te ve en una taberna o en la mesa de juego cuando deberías estar trabajando, te reclamará su dinero al día siguiente, y no aceptará demoras.

No vivas según lo que aparentas tener.

Muchos caen en ese error. Para evitarlo, lleva una cuenta diaria precisa de tus ingresos, gastos y beneficios. Verás cuán fácilmente los pequeños gastos se acumulan en grandes sumas, y aprenderás qué puede ahorrarse sin gran esfuerzo.

En resumen, el camino hacia la riqueza, si la deseas, es tan claro como el camino al mercado: depende principalmente de dos cosas: industria y frugalidad. No malgastes ni tiempo ni dinero. Haz cada día el mejor uso de ambos.

Ocúpate tú de las horas y los días, y las semanas, los meses y los años se ocuparán de sí mismos.

Siempre he comprobado que todo negocio bien concebido desde el principio, está más que medio hecho, porque un zorro dormido no caza aves. Ya habrá suficiente sueño en la tumba.

El tiempo perdido rara vez se recupera, y lo que llamamos tiempo suficiente suele ser insuficiente.

La pereza lo vuelve todo difícil, la diligencia lo vuelve fácil.

Quien se levanta tarde, tendrá que correr todo el día y apenas cumplirá sus deberes por la noche.

La pereza viaja tan despacio que la pobreza la alcanza rápidamente.

Dirige tu negocio, pero no dejes que él te dirija a ti.

Acostarse temprano y levantarse temprano es camino de salud, riqueza y sabiduría.

La industria no carece, pero quien vive de esperanzas vacías terminará ayunando.

Nada se logra sin trabajo.

Quien tiene un oficio, tiene una hacienda; y quien tiene una profesión, posee también oficio y beneficio —con honor—, si la ejerce con empeño.

En la casa del trabajador, el hambre observa, pero no entra.

La industria paga las deudas; la desesperación las multiplica.

La diligencia es madre de la buena suerte.

Como dijo Salomón:

«La mano diligente enriquece, mientras que la perezosa empobrece.»

Dios da todas las cosas a la industria.

Ara profundo mientras los perezosos duermen, y tendrás abundancia, mientras ellos se quejan de tiempos difíciles.

Trabaja mientras se llama hoy, pues no sabes qué obstáculos surgirán mañana.

Nunca dejes para mañana lo que puedas hacer hoy, ya que no tienes seguridad de una sola hora más.

Muchos viven del ingenio, pero fracasan por falta de un fondo disponible. La industria, en cambio, provee comodidad, abundancia y respeto.

Mantén bien tu taller, y tu taller te mantendrá a ti.

A menudo el ojo del maestro logra más que sus propias manos —especialmente si su cabeza es razonablemente prudente—, pues el descuido hace más daño que la ignorancia.

Si no vigilas a tus trabajadores, más te valdría dejarles la bolsa abierta.

Confiar demasiado en otros ha arruinado a muchos. Por tanto, si deseas ser rico, sé cuidadoso y ahorra. Porque, como bien dice el proverbio:

«Mujeres, vino, juego y engaño,
llevan la riqueza al paño.»[34]

---

[34] Variante de un proverbio europeo antiguo que circula desde al menos el siglo XVII. Su formulación original puede encontrarse en manuales de conducta moral y literatura proverbial tanto inglesa como francesa y española, generalmente con tono misógino y aleccionador.

PRESAGIOS

Los presagios, entendidos como señales que pueden ser buenas o malas, se asemejan a los sueños en cuanto a que nos transmiten advertencias que no buscamos deliberadamente, pero que pueden tener gran importancia para quienes saben leerlas correctamente.

EL VALOR DE LOS PRESAGIOS

En la antigüedad, cuando la superstición dominaba el pensamiento humano, el abuso de esta rama del ocultismo generó no poca miseria innecesaria. Pero hoy, cuando la luz clara de la ciencia ha disipado muchas de las nieblas de la superstición vulgar, podemos dejar de lado los accidentes triviales de la vida —que antes inspiraban alarma excesiva—, y abandonar los temores infundados y las fantasías nerviosas.

Sin embargo, aún podemos sostener que existen secretos de la naturaleza que deben ser considerados con seriedad. Así, aunque evitemos pasar bajo una escalera tanto por temor a la mala suerte como por la posibilidad de que nos caiga un ladrillo, no dudamos de que hay presagios de mayor gravedad a los que conviene prestar atención.

LA SEGUNDA VISTA

Entre los más serios y misteriosos de estos presagios se halla la Segunda Vista[35], una facultad limítrofe con el reino de los sueños, que permite percibir acontecimientos futuros o lejanos como si estuvieran ocurriendo en el presente.

Pocos años antes de su muerte, el doctor Samuel Johnson[36] visitó algunas regiones de Escocia donde esta facultad era común, con el propósito de investigarla. Sus observaciones son de gran interés:

«La segunda vista es una impresión hecha por la mente sobre el ojo, o por el ojo sobre la mente, por la cual las cosas distantes o futuras se perciben como si estuvieran presentes. Un viajero cae de su caballo, y otro —quizás trabajando en su casa— lo ve sangrando en el suelo, incluso con el paisaje exacto del lugar del accidente. Otro vidente, mientras conduce su ganado o vaga distraído, es sorprendido por la visión repentina de una boda o un cortejo fúnebre.»

Estas apariciones ocurren en el instante mismo en que los hechos suceden. No pueden ser invocadas, ni detenidas, ni recordadas a voluntad. La impresión es súbita, y su efecto, a menudo, doloroso.

«No es cierto», añade Johnson, «que la Segunda Vista sólo muestre imágenes funestas. El bien tiene, en estas visiones, la misma proporción que en la vida real. Que vean con frecuencia la muerte es natural, pues la muerte es frecuente y significativa».

---

[35] Traducción de *Second Sight*, expresión escocesa asociada con la capacidad profética espontánea. Es objeto de estudio en la literatura esotérica y en la investigación folclórica, especialmente en las Highlands del siglo XVIII.

[36] Escritor, lexicógrafo y pensador británico (1709–1784), autor del *Dictionary of the English Language*. Aunque escéptico en muchos aspectos, mostró interés por fenómenos visionarios en sus viajes por Escocia.

Según Martin[37], uno de los primeros escritores sobre el tema, estas visiones pueden incluso clasificarse según el momento en que aparecen:

- Si la visión ocurre por la mañana, el suceso será en cuestión de horas.
- Si es al mediodía, ocurrirá el mismo día.
- Si es por la noche, puede cumplirse semanas, meses o incluso años después.

La aparición de un sudario es señal cierta de muerte. Si cubre sólo la mitad del cuerpo, se espera un año de retraso; si llega hasta la cabeza, la muerte es inminente.

«La visión produce una impresión tan vívida en el vidente —dice Martin—, que no puede ver ni pensar en otra cosa mientras dure. Sus párpados permanecen alzados y sus ojos fijos mientras la imagen se mantiene.»

PRESAGIOS NOCTURNOS

Desde tiempos antiguos, se han empleado diversos métodos para conocer el destino en asuntos de amor y matrimonio. Por ejemplo, si los jóvenes desean soñar con sus futuros esposos, deben obtener un trozo del primer corte de un «queso del llanto» —un queso preparado al nacer un niño en la familia— y colocarlo bajo la almohada. Si esto falla, pueden usar un trozo de pastel preparado en una ocasión similar, llamado «pan de los sueños».[38]

La joven que lo intente debe poner el pedazo de pastel en el pie de su media izquierda, lanzarlo sobre su hombro derecho y acostarse en silencio, de espaldas. Si logra dormirse antes de medianoche, su futura pareja se le aparecerá en sueños.

---

[37] Se refiere probablemente a Martin Martin, autor de *A Description of the Western Islands of Scotland* (1703), donde describe con detalle las creencias en la segunda vista.

[38] Ritos tradicionales de origen rural que mezclan elementos supersticiosos con prácticas domésticas. El «queso del llanto» se preparaba tras un nacimiento, como símbolo de nueva vida, y el «pan de los sueños» se asociaba con visiones proféticas en el sueño.

Otro método consiste en que las doncellas escriban sus nombres en trozos de papel a medianoche, los quemen, recojan cuidadosamente las cenizas y las coloquen, envueltas en papel, sobre un espejo marcado con una cruz, bajo la almohada. Así soñarían con sus enamorados.

SALPICADURAS DE SAL

Derramar sal se considera presagio de calamidades, especialmente de conflictos domésticos. Para contrarrestarlo, se acostumbra lanzar una pizca de sal sobre el hombro izquierdo. Según un autor:

«Volcar el salero es de muy mala suerte. Presagia una pelea con un amigo, una fractura o alguna desgracia corporal. Esto puede evitarse arrojando un poco de sal sobre la cabeza.»

En La Última Cena de Leonardo da Vinci, Judas Iscariote aparece volcando la sal: un presagio sombrío de la traición que cometerá. La sal ha sido símbolo de amistad, por su incorruptibilidad, aunque en el norte de Europa se considera de mala suerte colocar sal en el plato de otro. De allí proviene el dicho.

«Ayúdame a la sal, ayúdame a la pena»[39];
pero cualquier consecuencia funesta puede evitarse con una segunda ración.

Tales son algunos de los principales presagios que reclaman la atención —y en muchos casos, la credibilidad— de todos aquellos que comprenden que

---

[39] «Help me to salt, help me to sorrow» es un proverbio de origen británico que aparece documentado en el siglo XIX, por ejemplo en Norfolk Garland (1872) de John Glyde. Refleja la superstición según la cual pasar la sal directamente a otra persona —en lugar de dejar el salero sobre la mesa para que lo tome— puede atraer desgracia, conflictos o penas. Esta creencia estaba ampliamente extendida en la cultura popular inglesa y se asociaba con un presagio doméstico de mala suerte. Se relaciona también con la costumbre de lanzar sal por encima del hombro izquierdo como gesto apotropaico. La sal, por su incorruptibilidad, era símbolo de la amistad duradera, lo que hacía aún más ominoso su uso indebido en la mesa.

«hay más cosas en el cielo y en la tierra de las que sueña nuestra filoso-fía».[40]

Y aunque algunos de estos signos puedan parecer triviales, no deberíamos desdeñar del todo su posible importancia.

UNA CADENA DE PRESAGIOS

Los siguientes datos proceden de fuentes fidedignas y se someten a la consideración de quienes tengan oídos para oír.

CUMPLEAÑOS
Una vieja rima inglesa dice sobre los días de nacimiento:

«El niño del domingo está lleno de gracia,
el del lunes, lleno en la cara;
el del martes es solemne y triste,
el del miércoles es alegre y feliz;
el del jueves se inclina a robar,
el del viernes es generoso al dar;
y el del sábado trabaja duro para ganarse la vida.»

Otra versión, más extendida en épocas posteriores, reza así:

«El niño del lunes es bello de cara,
el del martes está lleno de gracia;
el del miércoles está lleno de aflicción,
el del jueves tiene mucho por recorrer;
el del viernes es cariñoso y dadivoso,
el del sábado trabaja duro para vivir.
Pero el niño nacido en día de reposo
es bello, sabio, cariñoso y gozoso.»

---

[40] *Paráfrasis de* Hamlet, acto I, escena V, de William Shakespeare: «There are more things in Heaven and Earth, Horatio, than are dreamt of in your philosophy.» Esta cita suele utilizarse para expresar la humildad ante lo desconocido y la posibilidad de que existan fuerzas o fenómenos aún no explicados por la razón.

ROPA

Si te colocas alguna prenda del revés accidentalmente, no la corrijas de inmediato, o traerás mala suerte.

GRILLOS

Nunca molestes a un grillo dentro de tu hogar. Su presencia es presagio de prosperidad, y anuncia la llegada de dinero.

EL RELOJ DE LA MUERTE

Si oyes un tenue golpeteo metálico en la pared —producido por el insecto conocido como «reloj de la muerte»— considéralo un presagio de molestias o dificultades menores, aunque no necesariamente de muerte.

LAS OREJAS

Si te hormiguea el oído derecho, alguien habla bien de ti; si es el izquierdo, mal de ti. Repasa mentalmente la lista de tus conocidos: el cosquilleo cesará al nombrar a quien te menciona.

CUCHILLO O TENEDOR

Si un cuchillo, tenedor o tijera se te cae y se clava en el suelo, es presagio inequívoco de una visita inesperada.

AVES

Ver una *pájara dama* (posiblemente una lavandera blanca) es también señal de visita cercana.

URRACAS[41]

La presencia de urracas tiene interpretaciones precisas:

---

[41] La rima *«One for sorrow, two for joy…»* está ampliamente recogida en el folklore británico y ha tenido múltiples variantes regionales.

«Una para la ira,
dos para la alegría,
tres para una boda,
cuatro para un nacimiento.»

MATRIMONIO

Una muchacha nunca debe casarse vestida de color; una viuda, no debe hacerlo de blanco. Buenos presagios para las novias son el sol en su día o el estornudo de un gato.

MARTINES

Los martines (aviones o golondrinas) que anidan bajo los aleros de la casa traen buena suerte, siempre que no se les moleste.

MAYO

El mes de mayo ha sido considerado desde tiempos antiguos como desfavorable para casarse. Ya Ovidio, en sus *Fasti*, desaconsejaba las bodas en este mes.
«Cásate en mayo y lo lamentarás.»

LAS UÑAS

Un refrán rítmico aconseja cuándo cortarse las uñas:

«Más le valdría al hombre no haber nacido
que afeitarse las uñas en domingo.
Córtalas el lunes: salud tendrás;
el martes, riqueza hallarás;
el miércoles: noticias vendrán;
el jueves, zapatos nuevos tendrás.
El viernes, corta y habrá tristeza;
el sábado, ve mañana a tu amor con certeza.»

LUNA NUEVA

Ver por primera vez la luna nueva sobre el hombro derecho trae buena suerte, especialmente si se formula un deseo en ese instante.

AÑO NUEVO

La primera vez que veas o comas algo nuevo en Año Nuevo, pide en silencio un deseo y pronuncia el nombre de un poeta. Si no lo haces, el deseo no se cumplirá.

RUISEÑOR

Oír al ruiseñor antes que al cuco es presagio feliz para los enamorados. Milton lo escribió así en su *Soneto al Ruiseñor*:

«Tus notas líquidas que cierran la víspera del día,
oídas antes que el pico de la golondrina,
presagian el éxito en el amor.»

BÚHOS

El ulular constante de los búhos entre tus árboles anuncia mala salud o enfermedades cercanas.

CERDOS

Si una cerda se cruza hacia ti, es un excelente augurio. Si se aparta, la suerte se pierde.

CONEJOS

Un conejo que cruza tu camino es señal de desgracia inminente.

ZAPATOS

Es de mala suerte ponerse primero el zapato izquierdo.

CANTAR

Si cantas antes del desayuno, prepárate para malas noticias antes del anochecer.

CHISPAS

Una chispa roja en la mecha de una vela significa que pronto llegará una carta para la persona que la ha visto.

ARAÑAS

Las arañas de patas largas anuncian buena fortuna. Una pequeña araña roja —la llamada «araña del dinero»— que corre sobre tu cuerpo, señala la llegada de ganancias. No la dañes.

ESTRELLAS

Si ves una estrella fugaz y logras formular un deseo antes de que se apague, puedes esperar que se cumpla.

HUESOS Y PEPITAS

Si en tu plato quedan varias pepitas o huesos de fruta, piensa en un deseo y cuéntalos. Si son pares, el augurio es favorable; si impares, lo contrario.

ZAPATOS VIEJOS

La costumbre de lanzar un zapato viejo a una novia tiene un sentido simbólico profundo. Originariamente, representaba la renuncia del padre a su autoridad sobre la hija, transfiriéndola al esposo. Este gesto aparece reflejado en los libros de *Rut* y *Deuteronomio*.

LAVARSE

Si te lavas las manos en agua usada por otra persona, debes hacer la señal de la cruz sobre el agua antes de tocarla. De lo contrario, habrá disputa entre ambos.

ABEJAS Y EL TIEMPO

Las abejas conocen el clima: si no se alejan mucho de su colmena, se aproxima tormenta.

CÓMO SER
MÉDIUM[42]

[42] La presente sección recoge una síntesis doctrinal característica del espiritismo experimental del siglo XIX, influida por las ideas de Allan Kardec, Andrew Jackson Davis y otros teóricos del magnetismo espiritual. En ella confluyen elementos del mesmerismo, la teoría de los fluidos vitales y analogías con la electricidad galvánica, interpretadas desde una visión espiritualista.

El círculo espiritual es la reunión de un número determinado de personas con el propósito de establecer comunión con los espíritus que han abandonado el mundo terrenal y han pasado al plano superior de las almas. Su principal ventaja reside en la transmisión y recepción mutua de magnetismos combinados, lo cual permite facilitar los fenómenos espirituales.

Las primeras condiciones a observar se refieren a las personas que lo componen. Siempre que sea posible, deben ser de temperamentos contrastantes (positivos y negativos), tanto hombres como mujeres. Además, deben poseer buen carácter moral, mentes limpias y no estar marcados por trastornos físicos o mentales notoriamente perturbadores.

Nadie que sufra una enfermedad crónica o un estado físico muy debilitado debe participar, a menos que el círculo se forme con fines de curación. El número ideal de integrantes oscila entre tres y doce personas.

El contraste de temperamentos sirve para formar una pila magnética, al estilo del galvanismo, compuesta por elementos positivos y negativos. Pero es importante que la suma no sea equilibrada: siempre debe haber más carga negativa que positiva. Una persona de temperamento muy fuertemente positivo puede perturbar la armonía, ya que los espíritus deben ser más positivos que el círculo para manifestarse con éxito.

Tampoco conviene tener más de dos médiums desarrollados en el mismo círculo, pues estos absorben el magnetismo del grupo, y si hay demasiados, la fuerza se dispersa y los fenómenos no se producen eficazmente.

- Temperatura: la habitación no debe estar sobrecalentada. La liberación de magnetismo en una sesión tiende a elevar la temperatura; debe haber buena ventilación.
- Luz: evitar la luz intensa, que produce movimiento excesivo en la atmósfera. La luz tenue favorece las manifestaciones, especialmente las de tipo magnético-espiritual.

- Materiales presentes: evitar flores o frutas marchitas. Tampoco deben estar presentes muchos minerales, metales ni vidrios, ya que afectan negativamente a los sensitivos (los médiums).

Si el círculo es regular y cuenta con los mismos integrantes, conviene que ocupe siempre los mismos asientos, salvo que se indique lo contrario por comunicación espiritual. La mejor disposición es alrededor de una mesa, con las manos apoyadas sobre ella, las palmas hacia abajo. No es necesario tomarse de las manos. La madera, cuando está cargada magnéticamente, actúa como conductor. Las mesas de uso doméstico, por lo general, ya tienen carga acumulada y son adecuadas para este propósito.

Es aconsejable iniciar la sesión con una oración o música suave (vocal o instrumental). Después, una conversación tranquila y espiritual es preferible al silencio tenso. La conversación debe mantenerse centrada en el propósito de la reunión, evitando discusiones o exaltaciones.

En la mesa deben estar listos pizarra, lápiz, pluma y papel, para no tener que levantarse. Es crucial evitar:

- Entradas o salidas innecesarias.
- Ruidos o perturbaciones externas.
- Conversaciones irrelevantes.

Los Espíritus son más puntuales y constantes que los humanos. No se debe permitir el ingreso de personas impuntuales, ni perturbar el ambiente una vez iniciada la sesión.

La duración ideal es de una hora, y nunca debe superar las dos, salvo solicitud expresa de los Espíritus. Aunque no se manifieste fenómeno alguno, hay que respetar el tiempo: en ocasiones se requiere toda la sesión para formar la «batería espiritual».

Si después de seis sesiones consecutivas no hay resultados, y se han respetado todas las condiciones anteriores, es señal de que el grupo no está bien sintonizado. En ese caso, se recomienda modificar uno o más integrantes hasta encontrar la combinación adecuada.

Un círculo en desarrollo nunca debe admitir a personas con malos hábitos, criminales, escépticos agresivos, personas de temperamento violento o dogmático. Los mejores resultados se obtienen con participantes de espíritu humilde, mente inquisitiva y sin prejuicios, dispuestos a recibir la verdad.

Un médium desarrollado puede trabajar con cualquier tipo de persona sin afectarse, pero un círculo en formación necesita armonía tanto física como moral.

Las «impresiones» son influencias internas o advertencias espirituales que los participantes pueden experimentar durante la sesión. Pueden manifestarse como:

- Deseo repentino de cambiar de asiento.
- Sensación intensa de rechazo hacia un miembro del grupo.
- Impulso de abandonar la sala.

Estas impresiones deben respetarse siempre. Es conveniente que los miembros del círculo acuerden de antemano no ofenderse si alguien actúa guiado por una impresión espontánea.

Si una impresión intensa —ya sea de escribir, hablar, cantar, danzar o gesticular— se apodera de alguno de los presentes, sígala sin vacilar. Tiene un significado, aunque en el momento no puedas comprenderlo. No ridiculices ni menosprecies a quien, en ese trance, no logre expresar con claridad el sentido de la impresión recibida. El mensaje del Espíritu puede ser velado, torpe al principio, o difícil de traducir a gestos o palabras.

El control de los Espíritus, sobre todo en las primeras fases de desarrollo mediúmnico, es casi siempre deficiente o imperfecto. Pero cuanto más se le ceda con respeto y voluntad, más se adaptará el organismo del médium y más hábil se volverá el espíritu que obra en él. La práctica constante es necesaria tanto para los Espíritus como para los mortales.

Si se manifiestan Espíritus oscuros o perturbadores, no los rechacéis con hostilidad. Esforzaos, en cambio, por elevarlos, orientarlos y tratarlos como trataríais a un ser humano en circunstancias similares. No atribuyáis toda falsedad al engaño deliberado. En muchas ocasiones, los errores provienen de malentendidos, interferencias o limitaciones propias del proceso mediúmnico, que es experimental y complejo.

Buscad la verdad, pero corregid con dulzura el error. No todo fallo proviene de malicia: muchas veces es fruto del desconcierto de una comunicación incierta entre dos planos. Recordad que el estado actual de comunión entre vivos y espíritus es todavía rudimentario, y exige indulgencia, perseverancia y honestidad.

A menos que los Espíritus indiquen expresamente lo contrario, no se debe mantener el mismo círculo durante más de doce meses sin renovación. Pasado ese tiempo —si no antes—, es esencial incorporar nuevos elementos magnéticos: algunos miembros deben retirarse y otros ocupar su lugar. La energía espiritual necesita renovación, cambio, dinamismo.

El poder espiritual que se manifiesta en el círculo —el magnetismo que fluye entre los Espíritus y los médiums— es como un fuego vivificante: estimula la mente, inspira el cerebro, excita las facultades latentes, pero no crea nada nuevo. Al igual que la estufa acelera el crecimiento de las plantas sin alterar su naturaleza, el influjo espiritual saca a la luz potencialidades dormidas del médium, pero no añade capacidades que no posea en germen.

Incluso en los médiums de escritura automática, imitación, trance profundo o movimiento involuntario, la inteligencia del Espíritu se modela siempre según la idiosincrasia del médium. La idea que el Espíritu transmite se adapta, se limita y se colorea por las facultades, el vocabulario, la educación y el temperamento del médium.

Por tanto, todo poder espiritual se ve restringido por la forma humana a través de la cual se expresa. Los Espíritus pueden inspirar, guiar, influir y sugerir, pero no pueden reconstruir la mente humana, ni alterar su constitución esencial.

MÉTODO
SECRETO
DEL
MESMERISMO[43]

---

[43] El mesmerismo toma su nombre de Franz Anton Mesmer (1734–1815), médico vienés que propuso la existencia de un «fluido magnético universal» que podía influir en la salud física y mental. Su «magnetismo animal» fue el precursor directo del hipnotismo moderno.

CÓMO HIPNOTIZAR

El método para inducir el estado hipnótico consiste, esencialmente, en una imitación del proceso natural del sueño, a través de la sugestión verbal y el control de la atención. Se actúa sobre la imaginación mediante palabra y gesto, de modo que se produce un sueño inducido por convicción. La habilidad del operador reside en hacer que el sujeto crea que va a dormir. Eso es todo.

No se requiere ninguna cualidad especial de voz ni de temperamento por parte del hipnotizador, como erróneamente se ha supuesto. En suma, el efecto se produce en el sujeto, no en el operador.[44] Si logras que tu sujeto crea firmemente que sucederá lo que le anuncias, ya has allanado el camino al éxito.[45]

Hazle comprender que estás perfectamente capacitado para hipnotizarlo: su imaginación hará el resto.

Si no tienes a alguien ya hipnotizado anteriormente, busca a una persona nueva que parezca receptiva. Evita a los testarudos, escépticos agresivos o autosuficientes. Elige a alguien dócil y con disposición a colaborar.

Los jóvenes entre quince y veinte años son, en general, más fáciles de hipnotizar.

Coloca al sujeto en una silla cómoda, preferiblemente de espaldas a la fuente de luz. Antes de comenzar, asegúrate de que se cumplan las siguientes condiciones:

- No debe haber risas ni conversaciones durante la operación.

---

[44] La afirmación de que «todo está en el sujeto y no en el operador» refleja una evolución respecto al mesmerismo clásico. Mientras que Mesmer atribuía el poder al magnetizador, los hipnotistas posteriores —como Bernheim y Liébeault, de la Escuela de Nancy— destacaron el papel central de la sugestión verbal y la autosugestión.

[45] La explicación aquí dada —que la hipnosis imita el proceso natural del sueño— es típica de la escuela sugestionista, desarrollada en el siglo XIX, especialmente tras los trabajos de James Braid, quien acuñó el término *hipnosis* en 1843. Para Braid, la hipnosis no era un estado místico, sino uno fisiológico derivado de la concentración y la fatiga ocular.

- Evita ruidos o interrupciones que distraigan la atención.
- Impide cualquier gesto de desconfianza o escepticismo: pueden frustrar el intento.
- No te alteres. No hay nada que temer. Despertar al sujeto es siempre la parte más sencilla, si sigues el método correctamente.

El hipnotizador no debe actuar como un pensador original, sino como un actor, atento al efecto que produce su voz, su mirada, sus gestos y sus palabras. Mide el tono, prueba una frase, corrige una expresión. Tal como el médico ajusta sus remedios según la reacción del paciente, tú debes ajustar tus recursos según la respuesta del sujeto.

Antes de comenzar la inducción, pide al sujeto que mire fijamente el objeto que le indiques, y dile con voz suave y firme que comenzará a sentirse somnoliento... cada vez más... hasta verse obligado a cerrar los ojos y dormir. Dile que no hay nada extraño en lo que va a sentir, que será una somnolencia familiar, parecida al inicio del sueño natural. Explícale que la hipnosis le ayudará, ya sea para aliviar un mal hábito o mejorar su estado físico. Asegúrale que no le harás parecer ridículo, y que el sueño será breve y controlado.

Dile que, pase lo que pase, no debe apartar la vista del objeto que se le indica, aunque alguien entre en la sala.

MÉTODO N° 1 – Objeto brillante
1. Toma un objeto brillante (preferentemente un reloj) entre el pulgar y los dedos índice y medio de tu mano derecha.
2. Asegúrate de que la luz incida sobre el objeto.
3. Sosténlo a unas 8–12 pulgadas (20–30 cm) de sus ojos y unos 25 cm por encima de su cabeza, para generar tensión ocular y forzar la mirada fija.

El sujeto debe fijar sus ojos en el objeto, y concentrarse únicamente en eso.

En cuanto notes signos iniciales de relajación facial o somnolencia, empieza a hablar con tono tranquilo:

«Sigue mirándolo... dentro de poco estarás dormido.
Tienes sueño. Te pesan los párpados.
Estás... dormido.»

Haz que tu voz baje gradualmente, hasta convertirse en un susurro. No te apresures. Las pausas son clave para que el proceso parezca natural.

Cuando notes que los párpados comienzan a caer, di:

«Ya casi tienes los ojos cerrados...
Ves cómo se están cerrando...
No puedes mantenerlos abiertos...
Ahora se cerrarán... y dormirás...»

Haz una pausa breve y concluye con una orden firme pero suave:

«Duerme.»

El tono debe ser dominante, pero sin sobresalto.

Verás que los párpados pueden temblar durante unos segundos —a veces hasta un minuto—, pero muy pronto el sujeto se acomodará en su silla, a menudo con un suspiro, los ojos se aquietarán, y sus miembros mostrarán una relajación completa. Déjalo permanecer así durante algunos minutos, sin decirle nada.

Cuando estés listo para operar —especialmente si eres principiante o trabajas con un sujeto nuevo— es recomendable que le hagas sugestiones constantes. Por ejemplo:

«Nada te despertará. Nada puede hacerte daño.
Puedes abrir los ojos, pero seguirás dormido.
Ahora voy a levantarte el brazo, pero no te despertarás.
Nada te despertará.»

Frota suavemente su brazo y continúa:

«Ahora no puedes bajarlo. Ves, no puedes.
Estás profundamente dormido y harás todo lo que te

diga.

No puedes despertarte hasta que yo te lo diga.»

El brazo permanecerá en la posición en que lo coloques. Si le sugieres que nadie podrá moverlo o doblarlo, comprobarás que eso se cumple. Yo suelo comenzar de esta manera, colocando ambos brazos en posición elevada, con las piernas extendidas del mismo modo.

Cuando desees bajarlos, frótalos suave pero firmemente desde el cuerpo hacia afuera, y al llegar a las extremidades, levanta ligeramente las manos, diciendo:

«Ahora puedes bajarlos. Ves, puedes.
Harás todo lo que yo te diga.
Nadie puede despertarte excepto yo.»

Háblale como si estuviera despierto, en plena posesión de sus sentidos. Aunque ante los demás parezca profundamente dormido, para ti está profundamente conectado. Ha entrado en ese estado con la mente fija en la idea de que sólo tú puedes controlarlo, y por eso nadie más logra influir en él.

Esta conexión entre el sujeto y el operador se denomina rapport: es un estado hipnótico en el cual la atención del sujeto queda completamente centrada en el hipnotizador. La imagen del operador se mantiene activa y exclusiva en su conciencia. No obstante, es posible transferir ese rapport a otra persona, simplemente sugiriendo al sujeto que, hasta nuevo aviso, obedecerá a quien tú indiques.

Método n° 2. El sujeto debe reclinarse en un sofá o sillón. Siéntate a su lado y mantén los dos primeros dedos de tu mano derecha a unos 30 cm de sus ojos, en un ángulo que lo obligue a mirar hacia arriba con cierta tensión.

Indícale que fije la vista en las puntas de tus dedos y que intente dejar su mente lo más en blanco posible. Después de medio minuto de fijación, su expresión comenzará a cambiar: aparecerá una mirada distante, las pupilas se contraerán y dilatarán intermitentemente, y los párpados se moverán espasmódicamente. Esos signos anuncian el inicio del estado hipnótico.

Si los ojos no se cierran por sí solos, ciérralos suavemente con tu mano izquierda y susurra:

«Te estás adormeciendo...
Te pesan los ojos, cada vez más...
Mis dedos te parecen borrosos...
Sientes un entumecimiento en tus miembros...
Pronto estarás profundamente dormido...
Ahora duerme.»

Este método resulta especialmente eficaz con niños. Si es así, sujeta su mano derecha con tu izquierda mientras le hablas, manteniendo el contacto físico como anclaje.

Método n° 3. Si lo prefieres, haz que el sujeto se siente en una silla común (no en un sillón ni mecedora), con ambos pies apoyados firmemente en el suelo. Coloca sus manos sobre los muslos, con las palmas hacia abajo y los dedos apuntando hacia las rodillas.

Ponte de pie a aproximadamente un metro de distancia y pídele que se relaje por completo, física y mentalmente. Luego, indícale:

«Mira uno de mis ojos.»

Señala con tu dedo índice cuál debe mirar. Baja inmediatamente la mano y clava tu mirada en el ojo indicado, sin pestañear. En unos cinco a diez segundos, notarás que su pupila empieza a dilatarse.

Entonces, repite lentamente:

«Cierre los ojos suavemente... arquee las cejas.
Ahora le costará abrir los ojos. Intente...
¡Inténtelo! Inténtelo... Muy bien, puede abrirlos.»

Relájate en el momento en que digas «Muy bien», y transmite seguridad. Tu tono y tus modales deben convencerle de que puedes inducir ese estado con total control.

En cuanto notes que has causado una impresión inicial, retírate brevemente, para evitar que el sujeto genere autosugestiones adversas. Luego, repite todo el procedimiento:

«Mira uno de mis ojos.

Cierre los ojos suavemente...»

Repite estas instrucciones tantas veces como sea necesario, manteniendo un flujo constante de sugestión verbal, hasta estar seguro de que el sujeto está bajo tu influencia.

Cómo interpretar los *Spirit Mysteries* de los hermanos Davenport

Las manifestaciones de los hermanos Davenport[46] se producen en un gabinete o en una sala a oscuras, y en ningún caso mientras los operadores están a la vista del público.

En la oscuridad, sus manifestaciones consisten principalmente en el retumbar —sin sordina— de guitarras, el tañido de campanas, el sonido de panderetas, etc., mientras los instrumentos se mueven —según delatan sus sonidos— con notable rapidez por la sala. Estos mismos sonidos y movimientos se producen incluso después de que los operadores han sido atados por un comité de la audiencia. Al volver la luz, se constata que continúan sujetos con los mismos nudos aplicados por el comité. Por lo general, tras una nueva extinción de la luz, se liberan en menos tiempo del que el comité empleó en atarlos.

---

[46] Los hermanos Ira y William Davenport fueron célebres ilusionistas estadounidenses del siglo XIX que alcanzaron fama internacional mediante sus supuestas manifestaciones espirituales en gabinetes oscuros. Actuando desde la década de 1850, sus exhibiciones incorporaban elementos típicos del espiritismo incipiente —sonidos inexplicables, ataduras milagrosas, y «manos» espectrales—, pero su estilo respondía más a técnicas escénicas propias del ilusionismo que a una doctrina espiritual. Aunque muchos creyentes del movimiento espiritista consideraban sus demostraciones como prueba del contacto con el más allá, figuras escépticas y magos contemporáneos (como Harry Houdini más tarde) los clasificaron como prestidigitadores hábiles. Las representaciones en gabinete, con iluminación controlada, uso de cuerdas y compartimentos ocultos, se convirtieron en uno de los formatos más influyentes del teatro espiritualista

Durante su presentación también son atados por lo que afirman ser fuerzas espirituales, sin intervención humana. El nudo hecho por los «espíritus» parece tan preciso y seguro como el que podría ejecutar cualquier persona. Sin embargo, en el mismo instante en que sobreviene la oscuridad, tras la revisión de los nudos por parte del comité, se oyen los instrumentos musicales y se producen «manifestaciones» que requerirían el uso de las manos. Inmediatamente después, cuando se restablece la luz, los médiums aparecen atados como antes. En ocasiones, incluso, uno de ellos ha sido despojado de su abrigo en pocos segundos, sin que se explique cómo.

Una actuación que muchos espiritistas han considerado prueba irrefutable de poderes espirituales es la siguiente: uno de los hermanos se sienta a la derecha de la mesa donde están los instrumentos, y el otro se coloca a su izquierda. Un investigador se sitúa frente a ellos y pone una mano sobre la cabeza de cada uno. Luego, cada médium levanta sus manos y las apoya, separadas pero juntas, sobre uno de los brazos del investigador. Se apaga la luz. Se escuchan sonidos de instrumentos en movimiento, e incluso alguno puede tocar la cabeza del investigador. Este, sin embargo, no percibe ningún cambio en la posición de los médiums, cuyas manos —según cree— permanecen en contacto constante con sus brazos, posición en la que efectivamente se encuentran cuando vuelve la luz.

El gabinete misterioso en el que los Davenport realizan sus exhibiciones públicas mide aproximadamente seis pies de alto, seis de ancho y dos y medio de profundidad. La parte delantera tiene tres puertas que se abren hacia fuera. En cada extremo hay un asiento con orificios por los que pasan las cuerdas para asegurar a los médiums. En la parte superior de la puerta central hay una abertura en forma de rombo, tapada por dentro con muselina negra o tela encerada. Los cerrojos están instalados por la parte interior.

Antes de las manifestaciones, y para descartar su implicación directa, los médiums se someten a ser atados por un comité del público. Las puertas se cierran y traban, y el director del espectáculo introduce el brazo por la abertura para asegurar la puerta central desde el interior. Poco después, comienza un fuerte alboroto dentro del gabinete: instrumentos musicales, golpes y, en ocasiones, lo que parece el sonido de una pezuña pateando el interior del recinto.

Tras la primera representación, se abren las puertas y el comité comprueba que los operadores siguen atados. Sin embargo, a veces, se oye el ruido de las cuerdas justo antes de que las puertas se abran, y los médiums aparecen entonces libres. Si el comité logra verlos antes de que se desaten, las puertas se cierran nuevamente hasta que puedan quitarse las ataduras sin ser vistos.

Los espíritus —dicen— no tienen más remedio que hacer lo que se les antoja. La «atadura espiritual» se somete al juicio del comité, que suele declararla tan firme que excluye la posibilidad de que los médiums puedan mover las manos. No obstante, apenas se cierran las puertas, aparecen manos en la abertura central. Estas sólo son visibles durante un instante y con un movimiento vibrante tan veloz que impide identificar si pertenecen a los médiums, por mucho que el observador lo sospeche.

Una vez que las manos desaparecen, se abren nuevamente las puertas, y el comité informa que los médiums siguen atados. Las puertas se cierran por tercera vez, y de inmediato se oye una melodía alegre ejecutada con violín, campana y pandereta.

En ocasiones, para impresionar más al público, los médiums solicitan que se les ponga harina en las manos como prueba adicional, además de la atadura espiritual, de que no pueden moverlas. Una vez hecho esto, se vuelven a mostrar manos en la abertura, suenan algunos instrumentos y, acto seguido, los médiums exhiben las manos aún cubiertas de harina, sin rastro de haberla perdido en las ropas ni en el suelo.

A veces, permiten que un miembro del comité se siente dentro del gabinete con ellos, durante un corto período, mientras están atados. Este testigo también es atado, con la mano derecha apoyada sobre el hombro de uno de los médiums y la izquierda sobre las rodillas del otro. Cuando se apagan las luces, queda todo a oscuras. El testigo, entonces, recibe golpes en la cabeza con un instrumento musical, le tiran del cabello, le pellizcan la nariz y, en conjunto, «queda bastante despeinado».

Al ser liberado de la posición poco agradable, y tal vez con aspecto algo asustado, informa al público de lo que se le ha hecho, con la declaración adicional de que no detectó ningún movimiento por parte de los médiums. «Si no es la manifestación de la fuerza de los Espíritus, ¿qué es?», es una pregunta que surge naturalmente en la mente de los presentes. La respuesta está contenida en las siguientes explicaciones:

En una habitación oscura, los investigadores están sentados junto a las paredes; los médiums agarran las guitarras por el mástil, junto a las clavijas, las hacen girar y las empujan hacia diferentes partes del espacio abierto de la habitación, al mismo tiempo que hacen vibrar las cuerdas de los instrumentos con el dedo índice. Cuanto más rápido pasa el dedo por las cuerdas, más rápido parece moverse el instrumento. Así, dos manos pueden utilizar varias guitarras, y una campana de té, agarrada por el dedo meñique de cualquiera de las dos manos, puede sonar al mismo tiempo. O un ejecutante puede hacer sonar una guitarra y una campana con una mano, y tocar un acordeón o concertina con la otra, sujetando un extremo del instrumento bajo el brazo contra el cuerpo. En la oscuridad, el público cree que los instrumentos llegan más lejos de lo que realmente llegan; y como la sala es pequeña, los sonidos resuenan o se reflejan en las paredes.

Cuando un investigador está sentado con los médiums ante una mesa en la que hay instrumentos musicales, con las manos apoyadas en sus cabezas y las manos de ellos asidas a su brazo por encima del codo, el médium que está junto a la mesa retira una mano del brazo sin ser detectado, sencillamente porque la presencia de la otra mano, que está más cerca del hombro, es tan intensa que interrumpe la percepción nerviosa del contacto inferior. Así, es imposible para el investigador determinar si las dos manos del médium están sobre su brazo o no. Cree que lo están, porque la sensación en su brazo sigue siendo la misma. En primer lugar, la mano izquierda del médium se coloca firmemente sobre el brazo, junto al hombro, y la mano derecha muy ligeramente, cerca del codo. Se ve que ambas manos están sobre el brazo y se supone que presionan con la misma fuerza. Se apaga la luz y, tal vez, el médium distrae momentáneamente la atención del sujeto sugiriendo que sus pies están en contacto. Entonces, aumentando la presión de su mano izquierda, retira cuidadosamente la derecha y, mientras mantiene rígido el cuello y la espalda para no mover la cabeza, toma la guitarra (que está a su alcance) por el mástil y, extendiendo el cuerpo del instrumento, lo mueve en semicírculo, vibrando las cuerdas con el dedo índice. Para que el efecto sea más impactante, puede incluso golpear la guitarra contra la cabeza del investigador. Si desea hacer sonar una campana al mismo tiempo, puede sujetarla con el meñique. Puede hacer sonar sucesivamente todos los instrumentos sobre la mesa; luego, volviendo a colocar cuidadosamente su mano sobre el brazo del sujeto, está listo para dar la señal de iluminación. El otro médium se aferra realmente con ambas manos al brazo que ha asido, sintiéndose seguro de que mientras lo hace no puede estar interfiriendo las operaciones de «los espíritus» de la mesa.

Si el médium coloca su mano derecha sobre el pulgar extendido de su mano izquierda, con apariencia, para el investigador, de que ambas manos están sobre su brazo, se podrían producir los mismos efectos con menor riesgo de detección, ya que la presencia del pulgar, donde se suponía que estaba la mano derecha, induciría al investigador a pensar que esta seguía allí.

Si en una sesión espiritista a oscuras, tras haberse aplicado fósforo a los instrumentos, se ve una luz fosforescente muy por encima del escenario, puede suponerse que el instrumento no está donde se ve la luz, sino que el fósforo ha sido transferido a un trozo de cartón, sujeto a una varilla plegable y elevado en la oscuridad hasta la posición deseada.

Para los Davenport, liberarse después de haber sido atados por un comité es una tarea breve y fácil. Un simple «giro de muñeca» convierte un «nudo cuadrado», normalmente considerado seguro, en dos «medios nudos», a través de los cuales puede deslizarse fácilmente la cuerda. Con un poco de holgura, cualquier nudo ordinario puede transformarse en un «nudo corredizo». Difícilmente puede atarse a un hombre sin causarle dolor como para impedirle «aflojar» la cuerda. El autor ha sido atado muchas veces por personas decididas a hacer un «buen trabajo» y, sin embargo, jamás ha dejado de liberarse, a menudo en menos tiempo del que se tardó en atarlo.

Cuando los Davenport han sido atados en sus gabinetes por un comité y las puertas del aparato están cerradas, se ponen de inmediato a trabajar para aflojar los nudos en las muñecas y liberar las manos, lo que consiguen normalmente en poco tiempo. En algunos casos, tan pronto como se cierra la puerta central, uno de ellos ya tiene una mano libre, que muestra por la abertura; poco después aparecen otras manos. Luego, ambos médiums hacen ruido con los instrumentos a su alcance. Rápidamente vuelven a colocar las manos en las cuerdas, aproximando los nudos a sus muñecas, producen algo más de ruido con uno o dos instrumentos colocados cerca, y dan la señal para abrir las puertas. El comité examina los nudos y declara que están «como al principio»; las puertas se cierran de nuevo y los operadores se sueltan por completo, deshaciendo todos los nudos.

A veces, después de haber sido atados por el comité, los médiums no pueden sacar fácilmente sus manos y volver a colocarlas como estaban; en tal caso, no se abren las puertas hasta que todos los nudos estén desatados, siendo una mejor estrategia para ellos esperar a que «los espíritus» los hayan atado antes de hacer una demostración de manos o manipular los instrumentos musicales.

El punto importante con los Davenport, cuando se atan a sí mismos, es tener un nudo junto a sus muñecas que parezca sólido, justo y cuadrado, pero que al mismo tiempo pueda deslizarse, de modo que puedan sacar las manos en un instante. Hay varias maneras de hacer un nudo de este tipo, una de las cuales es la siguiente: se hace un nudo cuadrado en el centro de una cuerda, se pasan los extremos en direcciones opuestas por debajo del nudo y se aprieta. A continuación, se forman dos lazos lo suficientemente grandes para que las manos puedan pasar a través de ellos. Los extremos de la cuerda se introducen por los orificios del asiento y se atan por debajo, así como a los pies. Por último, las manos se introducen en los lazos y se hace un nudo cerca de las muñecas, entre ambas. Ningún principiante en ataduras sospecharía, por la apariencia del nudo —y sin examinar con especial atención la dirección de la cuerda al formarlo—, que este podría deslizarse. Como las manos de los médiums así atadas están a la espalda, cerca del extremo del gabinete, el comité no tiene una buena oportunidad de observar el nudo más relevante.

Las puertas de los extremos del gabinete son cerradas primero por el director y, como los médiums están fuera de la vista del público, abren los lazos y están listos para usar sus manos tan pronto como se cierra la puerta del medio, que uno de ellos cierra instantáneamente desde dentro. Entonces, las manos se introducen bajo la cortina que cuelga sobre la abertura de la puerta y se exhiben al público. Pero, como ya se ha dicho, las manos se muestran solo por un instante y con un movimiento vibratorio, para evitar que puedan ser reconocidas como pertenecientes a los médiums. Para que las manos parezcan más grandes o más pequeñas, estiran o encogen los dedos, y con ese peculiar movimiento vibratorio, cuatro manos en la abertura pueden parecer media docena o más, del mismo modo que dos monedas frotadas entre las yemas de los pulgares pueden presentar la apariencia de tres bordes.

Un guante de cabritilla color carne, bien relleno de algodón, ha sido exhibido en ocasiones como la mano de un espíritu femenino, sin permitir que se le hiciera una observación detallada.

En una ocasión, estos médiums mostraron lo que suponían sería la mano de un negro; sin embargo, esta era de un color negro uniforme, incluyendo la palma. En otra de sus exhibiciones, cuando además de las «manos espirituales» un brazo desnudo sobresalía por la abertura, una anciana —a quien, por la debilidad de su vista, se permitió acercarse al gabinete— exclamó: «¡Bueno, lo declaro! Deben practicar la vacunación en el otro mundo, porque veo marcas de ella en ese brazo espiritual». En otro momento, ¡el mismo brazo espiritual mostraba marcas de cuerda en la muñeca!

Estos médiums tardan solo unos segundos en volver a meter las manos en los lazos y acercar los nudos a sus muñecas, dejándolos listos para la inspección del comité.

Durante las interpretaciones musicales, un médium sostiene el violín del modo habitual entre los músicos de ese instrumento, y con el dedo meñique de la mano del arco agarra una campana que suena al ritmo de la música. El otro médium golpea la pandereta con una mano contra su cabeza o rodillas, mientras con la otra produce sonidos con algún otro objeto.

Las actuaciones de estos jóvenes resultan interesantes por el ingenio y la destreza que demuestran, y no serían en absoluto objetables si no fuera por su pretensión de estar actuando como auténticos «médiums».

Psicología eléctrica

El modo más fácil, seguro y directo de producir una comunicación electropsicológica es tomar al individuo de la mano, del mismo modo que si fueras a darle la mano. Presiona el pulgar con fuerza moderada sobre el nervio cubital[47], que extiende sus ramas al anular y al meñique. La presión debe hacerse aproximadamente una pulgada por encima del nudillo, en la zona del dedo anular. Apoya la bola del pulgar de forma plana y, particularmente, transversal, para cubrir las ramas minúsculas de este nervio del movimiento y de la sensación.

Cuando tomes su mano por primera vez, pídele que fije sus ojos en los tuyos y los mantenga así, para que pueda ver cada emoción de tu mente expresada en tu semblante.

---

[47] El nervio cubital es uno de los tres principales nervios del brazo humano. Controla la sensibilidad de parte de la mano y algunos movimientos musculares. Se menciona aquí como punto de «control» psicológico en prácticas pseudohipnóticas, sin sustento fisiológico real.

Mantén esta presión durante medio minuto o más. A continuación, pídele que cierre los ojos y, con los dedos, repasa suavemente varias veces sus párpados, como si los cerraras firmemente. Durante todo el proceso, mantén en tu interior la firme determinación de cerrarlos, de modo que esa intención se exprese claramente en tu rostro y modales.

Una vez hecho esto, coloca una mano sobre la parte superior de su cabeza y presiona firmemente el pulgar sobre el órgano de la Individualidad[48], llevándolo parcialmente hacia abajo, mientras el otro pulgar sigue presionando el nervio cubital. Entonces dile: «¡No puedes abrir los ojos!».

Recuerda que tu tono, tu expresión facial, tus movimientos y tu lenguaje deben ser absolutamente firmes y decididos.

Si logra abrir los ojos, intenta una o dos veces más, porque las impresiones, tanto físicas como mentales, se profundizan con la repetición. Sin embargo, si no consigues cerrarle los ojos ni observas ningún efecto sobre ellos, debes cesar todo esfuerzo, ya que habrás comprobado que su mente y su cuerpo están en relación positiva en lo que respecta a la doctrina de las impresiones.

Si logras cerrarle los ojos de esta manera, puedes pedirle que coloque las manos en la cabeza, o en la posición que desees, y decirle que no puede moverlas. Si lo consigues, pídele que se siente y dile que no puede levantarse. Si lo consigues, pídele que mueva las manos y dile que no puede detenerlas.

Si lo consigues, pídele que camine, y dile: «¡No puedes dejar de caminar!». Y así puedes continuar realizando experimentos

---

[48] En frenología, se creía que cada función mental estaba asociada a una zona del cráneo. El «órgano de la Individualidad» supuestamente residía en la parte frontal superior de la cabeza y estaba relacionado con la percepción de hechos concretos. Esta teoría ha sido totalmente desacreditada por la neurociencia actual.

que impliquen movimiento muscular o parálisis de cualquier tipo que se te ocurra, hasta que puedas controlarle completamente, deteniendo o activando todas las partes voluntarias de su sistema.

Cómo hacer que las personas a distancia piensen en ti

Debe recordarse especialmente que la *fe* y la concentración del pensamiento son absolutamente necesarias para lograr atraer a otros hacia ti, o «hacerlos tercos de ti». El hecho de que tú no tengas la capacidad o comprensión para operar una batería de telégrafo eléctrico no prueba que una persona experta y competente no pueda hacerlo. Del mismo modo, si te falla la fe, la meditación o la concentración del pensamiento, entonces tampoco lograrás operar sobre los demás. En primer lugar, debes tener un fuerte anhelo por la persona que deseas que piense en ti. En segundo lugar, debes aprender a intuir en qué momento del día o la noche puede estar desocupada, pasiva, en un estado adecuado para recibir el pensamiento que le envías.

Si está ocupado de algún modo que requiera sus fuerzas nerviosas para completar su tarea, su «batería humana»[49] —es decir, su mente— no estará en un estado pasivo, y por tanto tu experimento fracasará.

Si está bajo el efecto de narcóticos, licores, tabaco o glotonería, tampoco podrá ser alcanzado.

O si duerme, y tú operas con la intención de afectar una mente despierta, también fallarás.

Para lograr que alguien piense en ti, ya sea que lo conozcas o no, no importa. Repito: averigua o intuye cuándo es probable que esté pasivo, es decir, en un estado relajado y despreocupado. Entonces, con la oración más ferviente o con el deseo más profundo de tu corazón, mente, alma y fuerza, anhela que

---

[49] Metáfora común en textos espiritistas y mesmeristas de la época, que concebía al cuerpo humano como generador o transmisor de «fuerza vital» o «electricidad psíquica».

piense en ti. Si deseas que piense en algún tema particular relacionado contigo, deberás presionar con tus manos, cuando operes, sobre las facultades mentales de tu propia cabeza que desees que él active hacia ti.

Esto exige cierto conocimiento de frenología. Su «naturaleza de sentimiento» o sus «propensiones» no pueden ser alcanzadas directamente mediante estas operaciones, pero una vez que piense en ti —aunque no te conozca, y solo imagine un ser como tú—, puede ser influido más fácilmente. Si las circunstancias lo permiten y él es dueño de sus actos, puede sentirse inclinado a dirigirse hacia donde tú estás.

He dicho que no puedes alcanzar directamente su «sentimiento», sino solo su «pensamiento» racional; pero una vez que piense en ti, su «naturaleza sentimental» o sus propensiones pueden activarse por sí mismas, a través de su propia organización.

En conclusión, si solo deseas que una persona piense en ti, una sola operación puede bastar. Pero si deseas que se reúna contigo o vaya donde tú estás, todo lo que tienes que hacer es perseverar de forma lícita y cristiana, y te aseguro que, en el curso natural de las cosas —salvo que ocurran accidentes o circunstancias muy desfavorables—, encontrará el camino hacia ti. Y una vez que llegue a verte o esté cerca de ti, será fácil de influenciar.

Este volumen de la Biblioteca
TRADICIÓN OCULTA
terminó de componerse
el 05 de junio
de 2025.